AF318850

RÉCITS ET SOUVENIRS

Souvenirs d'enfance. — Le Séminaire des Missions étrangères, à Paris. — Visite au grand
arsenal. — Excursion dans la Grande
Kabylie. — Souvenirs d'Hippone. — Notre-
Dame d'Afrique. — Deux jours à la trappe
de Staouéli. — Une nuit dans les Cévennes.
— Une visite à Ars. — Une page de l'histoire
de Corse, etc., etc.

APPROUVÉ

PAR S. E. LE CARDINAL-ARCHEVÊQUE DE BORD...

PARIS

VICTOR PALMÉ, ÉDITEUR

RÉCITS ET SOUVENIRS

APPROBATION DE SON ÉMINENCE LE CARDINAL-ARCHEVÊQUE DE BORDEAUX

Monsieur l'Abbé,

Vous allez au-devant de mes désirs en me demandant l'autorisation de publier en un volume les divers récits que vous avez fait paraître dans *l'Aquitaine*.

C'est vous dire que j'approuve et bénis votre projet, convaincu que les fidèles liront avec édification et profit ce que vos confrères ont lu avec le plus vif intérêt.

Courage donc! votre nouvel ouvrage aura le meilleur succès.

Tout à vous en Notre Seigneur,

† FERDINAND, Cardinal DONNET,
Archevêque de Bordeaux.

Bordeaux, le 2 novembre 1876.

IMPRIMERIE D. BARDIN, A SAINT-GERMAIN.

L'Abbé C. LENFANT

Aumônier du collége de Libourne

RÉCITS ET SOUVENIRS

Souvenirs d'enfance. — Le Séminaire des Missions étrangères, à Paris. — Visite au Grand-Saint-Bernard. — Excursion dans la Grande-Kabylie. — Souvenirs d'Hippone. — Notre-Dame de la Salette. — Notre-Dame d'Afrique. — Deux jours à la trappe de Staouëly. — Une nuit dans les Cévennes. — Une visite à Ars. — Une page de l'histoire de Corée, etc., etc.

APPROUVÉ

PAR S. E. LE CARDINAL-ARCHEVÊQUE DE BORDEAUX

PARIS

RENÉ HATON, LIBRAIRE-ÉDITEUR

33, RUE BONAPARTE, 33

—

1877

RÉCITS ET SOUVENIRS

SOUVENIRS D'ENFANCE

On rajeunit, aux souvenirs d'enfance,
Comme on renaît au souffle du printemps
(BÉRANGER.)

I

Au milieu des montagnes du Forez, à deux lieues de *Pierre-sur-Haute*, point culminant de la chaîne, où les neiges ne fondent jamais, se dressent les modestes maisons d'un assez gros bourg dont le nom me rappelle les plus pittoresques souvenirs. Il y a déjà bien des années, un bon vicaire, plein de force et de zèle, joignait aux nombreux travaux du ministère paroissial les soins non moins pénibles de l'éducation d'une douzaine d'écoliers, recrutés dans les localités du voisinage.

J'avais dix ans, je savais lire et écrire ; il était temps de songer aux études de latin. Bien que je demeurasse dans la plaine et à quatre ou cinq lieues du bourg dont j'ai parlé plus haut, la renommée avait porté le nom du vicaire instituteur aux oreilles de mon père, qui n'eut rien de plus pressé que de me remettre entre ses mains. L'apprentissage fut un peu dur, comme on pourra en juger par la suite de ce récit.

J'arrivai quinze jours après la rentrée pour faire le douzième élève de cette succursale du petit séminaire.

Nous logions tous, non loin de la cure, dans une vaste maison, sous la garde d'une bonne vieille femme, connue dans le pays sous le nom de mère Toinon. Elle nous préparait notre ordinaire, qui consistait invariablement, sauf les jours maigres, le matin, à midi et le soir, en une grande écuellée de soupe aux choux et au lard, qu'on *blanchissait* avec du lait les dimanches et les jours de fête. Chacun, selon ses ressources personnelles et les recommandations de ses parents, ajoutait quelques aliments à cette pitance réglementaire, peu suffisante du reste pour des appétits de dix ans qu'excitait encore l'air vif des montagnes. Notre excellente cuisinière se pré-

tait à toutes ces exigences avec une patience inal-
térable, et, lorsque arrivait l'heure du dîner, on
voyait sur la table autant de plats différents que
de convives. C'était une vraie macédoine de mets,
tous remarquables par une frugalité vraiment
lacédémonienne, tels que pommes de terre, hari-
cots, saucissons, beurre, fromage, etc. Mais, à
notre âge et dans les conditions où nous nous
trouvions, tout était pour nous festin de roi.

Chaque matin, à son réveil, qui variait, selon
les saisons et les jours, entre cinq et sept heures,
la mère Toinon, dont la chambre était au-dessous de notre dortoir, criait à tue-tête pour nous
avertir qu'il était temps de nous lever. Comme
d'ordinaire nous restions sourds à cette maternelle invitation, elle saisissait une grande perche
placée à cet effet près ·de son lit et frappait à
coups redoublés contre le plafond ou plutôt contre le plancher qui la séparait de nous. Ce nouveau genre de réveille-matin nous aurait probablement encore trouvés insensibles, si nous
n'avions pas dû être rendus, à sept heures précises, à l'église de la paroisse, où nous remplis-
sions tour à tour les fonctions de sonneur, de
sacristain, d'enfants de chœur et de chantres. Le
vicaire nous y attendait, et le moindre retard
nous aurait attiré une sévère punition, car il ne
plaisantait pas sur l'article de la régularité. Aus-

sitôt nous nous partagions en trois bandes. Trois ou quatre allaient se suspendre à la corde de la cloche pour appeler les fidèles, deux se rendaient à la sacristie afin de se préparer à servir la messe, et s'affublaient pour cela du modeste costume d'enfants de chœur, qui consistait alors en un surplis de gros calicot passé par-dessus les habits. Enfin, comme il y avait tous les jours messe chantée, les autres allaient fièrement se grouper autour du lutrin, ayant pour toute connaissance du plain-chant qu'il fallait plus ou moins hausser le ton selon la position des notes.

La messe terminée, nous prenions notre première écuellée de soupe, ainsi que les choux et le lard qui en étaient l'accompagnement obligé. Puis, à huit heures, nous entrions dans notre salle d'étude et de classe où, sous la complaisante surveillance du plus sage d'entre nous, nous apprenions les premiers éléments de la grammaire latine. A neuf heures précises, nous voyions régulièrement passer le vicaire devant notre fenêtre. Grâce à cet avertissement quotidien, lorsque, une ou deux minutes après, il faisait son apparition dans la classe, il nous trouvait toujours dans le plus profond silence et la tête plongée dans nos mains.

C'était un homme d'une trentaine d'années, d'une taille colossale, d'une force herculéenne,

et avec cela grand partisan des corrections cor-
porelles que, pour notre plus grand bien, il ne
nous épargnait en aucune circonstance. Son seul
aspect nous aurait fait rentrer sous terre. Cette
crainte exagérée nous faisait faire de jour en jour
des progrès étonnants dans la langue de Virgile
et de Cicéron. Nous devions, du reste, être aptes
au bout de deux ans à entrer en cinquième dans
un des petits séminaires du diocèse.

A midi, nous prenions notre deuxième écuellée
de soupe avec un des plats dont j'ai donné la
carte plus haut; puis, le tout arrosé d'un verre
d'eau, de piquette ou de mauvais vin, nous nous
rendions dans notre cour de récréation qui n'é-
tait autre que la place, la grande route, les bois,
les champs, les montagnes. Pendant l'hiver,
c'est-à-dire pendant six mois de l'année, notre
plus grand divertissement était de patiner ou
plutôt de glisser sur la glace des étangs, des
chemins et des prairies. Je ne connais pas de
plus curieux spectacle que celui que nous offrions
lorsque, assis sur une planche à laquelle était
fixé un bâton que nous serrions entre les jambes
et que nous tenions des deux mains en guise de
gouvernail, nous dévalions du haut d'une prairie
aboutissant par une pente rapide à un torrent
hérissé de rochers, de troncs d'arbres et de gla-
çons.

Nous nous alignions tous avant de partir, au
tant que le permettait le terrain glissant où nou
nous trouvions; puis, à un signal donné, nou
nous lancions sur nos fragiles traîneaux, qu
nous emportaient vers le précipice avec une vitesse vertigineuse. Nous arrivions tous forcémen
au but, mais avec des chances et dans des états
bien divers. Les plus habiles, ou plutôt les plus
heureux, à force de s'aider des pieds et des
mains, conservaient à peu près la position du
départ; d'autres arrivaient à reculons, et le plus
grand nombre enfin, après avoir perdu la planche en route, dégringolaient dans les postures
les plus bizarres, au grand détriment de leurs
pantalons, qui d'ordinaire ne résistaient pas longtemps à cette sorte d'épreuve.

C'est ainsi que, pendant près de deux heures,
nous recommencions cet amusement périlleux,
où notre unique préoccupation était, non pas d'é-
viter (c'était impossible), mais de rendre moins
violentes les nombreuses contusions qui nous
attendaient à notre arrivée au bas de la prairie.
Nous allions ensuite, frais et dispos, nous remettre au travail.

Les dimanches et les jours de fête, ce divertissement était remplacé par un autre qui n'of-
frait pas moins d'agrément et de danger.

II

Courir et braver les dangers est un des besoins les plus impérieux, j'ajouterai même un des plaisirs les plus vifs de l'enfance. On trouverait bien des héros parmi les enfants de douze ans. A cet âge, soit inexpérience, soit insouciance de la vie, on ne doute de rien, on ne craint rien, on est capable des plus périlleuses entreprises, des plus grands sacrifices. Aussi Dieu, dans sa providence paternelle, veille-t-il avec une sollicitude toute spéciale sur ces généreuses créatures. Sa main attentive écarte d'elles·les obstacles et les dangers, et prévient bien souvent les blessures, les maladies et la mort.

C'est ainsi que nous trouvions une inexprimable jouissance à nous voir emportés avec la rapidité de l'éclair vers des précipices où nous étions sans cesse exposés à nous briser les membres et à perdre la vie.

Les dimanches, tous les gamins de l'école et un grand nombre de jeunes gens du bourg et des environs se réunissaient pour les fameux combats à coups de boules de neige. Nous nous empressions de nous joindre à eux. On se partageait en deux camps, puis, à un signal donné, l'action s'engageait. La lutte, d'abord assez énergique, s'animait peu à peu et s'envenimait bientôt au point de prendre les proportions d'une véritable bataille. Ce n'étaient plus seulement d'inoffensives boules de neige, mais des pierres et des quartiers de glace qu'on s'envoyait sans ménagement en pleine poitrine et en plein visage. Ces dangereux [projectiles, lancés par des bras vigoureux, menaçaient de devenir funestes à un grand nombre de combattants. Je ne comprenais guère, je l'avoue, quel plaisir on pouvait prendre dans ces sortes d'amusements, et ce n'était pas sans une certaine frayeur que je voyais arriver les jours qui nous les ramenaient. Obligé par position d'y prendre part, je me tenais prudemment à l'arrière-garde, laissant à mes compagnons plus exercés et plus habiles le soin de remporter la victoire. La bataille continuait impitoyablement jusqu'à ce qu'un des deux partis, écrasé, demandât grâce et s'avouât vaincu. Puis, la réconciliation faite, nous revenions pêle-mêle à nos demeures respectives avec un œil poché, les mains ensanglantées et le corps couvert de nombreuses meurtrissures.

Mais rien ne valait pour moi les veillées d'hiver. Tous les soirs, après notre soupe, nous nous réunissions autour du large foyer de l'appartement qui nous servait à la fois de salle de récréation, de réfectoire et de cuisine. Les voisins et les voisines venaient voir la mère Toinon que ses occupations retenaient forcément au logis. On formait un vaste cercle autour de la cheminée, puis, au souffle du vent du Nord et au pétillement de l'âtre, on racontait à la ronde des histoires effrayantes dont le diable, les revenants et les voleurs faisaient le sujet ordinaire. Ces récits fantastiques revêtaient un caractère particulier de mystérieuse terreur au sein de ces montagnes désolées, couvertes de neiges et pleines de précipices. La peur nous tenait serrés les uns contre les autres, haletants, immobiles ; le moindre bruit, venant du dehors, de la porte ou de la fenêtre, faisait frissonner les plus braves.

Vers neuf heures du soir, on récitait publiquement la prière du soir, puis, les voisins partis, nous allions nous coucher, l'imagination encore toute pleine de sorciers et de fantômes. Chacun se hâtait de se fourrer dans son lit, après s'être auparavant bien assuré qu'aucun de ces effrayants personnages ne se tenait caché dessous. Le dernier déshabillé éteignait l'unique chandelle déposée sur la table au milieu de la chambre.

Bien que le silence le plus rigoureux fût prescrit au dortoir et que le vicaire y fît de temps à autre quelques apparitions pour s'assurer de notre fidélité à le garder, il était d'usage que l'un d'entre nous, à tour de rôle, continuât la série des histoires de la veillée afin d'endormir les autres. Pendant que dehors il gelait à pierre fendre, que la neige tombait drue et serrée, et que les sifflements de la bise se mêlaient aux hurlements des loups, quelle jouissance de se sentir bien chaudement dans un bon lit et de passer, à l'abri du danger, par tous les charmes de la peur !

Pour ma part, j'étais vraiment passionné pour ces sortes de récits, rendus étrangement effrayants par les ténèbres, et longtemps après que les ronflements successifs de mes autres camarades avaient presque couvert la voix du conteur, je prêtais encore une oreille attentive, voulant entendre jusqu'au bout et ne faisant grâce d'aucun détail. Hélas ! je devais expier durement cet amour désordonné des histoires en temps prohibé.

Un soir, c'était mon tour de raconter ; je cherchais dans mon imagination et mes souvenirs tout ce que j'y pouvais trouver de plus épouvantable, afin d'exciter l'intérêt de mes auditeurs. J'en étais arrivé au passage le plus saisissant, lorsque ces derniers, jusque-là très-attentifs, se mirent subitement à ronfler et à souffler à qui mieux

mieux, comme des gens plongés dans le plus profond sommeil. Au même instant j'aperçus, immobile au chevet de mon lit, une grande ombre noire. Était-ce un sorcier, un voleur, un revenant ou bien.... Aussitôt une pensée horrible traversa mon idée : si c'était M. l'Abbé ! Aucune apparition, dans cette circonstance, ne me pouvait causer plus d'effroi. Instinctivement, je me mis à fermer les yeux et à mêler mes trop tardifs ronflements à ceux de mes heureux compagnons. Précaution inutile. Un bras vigoureux me saisit brusquement, et en même temps une voix formidable et malheureusement trop connue retentit à mes oreilles, en me promettant que l'affaire se réglerait le lendemain. J'en fus quitte pour la peur, car le lendemain tout fut oublié.

Au fond notre professeur, sous une écorce un peu rude, était un excellent homme et surtout un excellent prêtre que nous estimions autant que nous le craignions, et que nous aimions beaucoup sans nous en douter. Plût au ciel que tous les parents et tous les maîtres lui ressemblassent ; les enfants n'en seraient que mieux élevés et offriraient de meilleures garanties de religion, de respect, de soumission et d'honnêteté pour l'avenir. *Celui qui aime bien châtie bien et à propos.*

III

Parmi tous ces souvenirs du jeune âge, il en est un qui, après tant d'années, me fait frissonner encore ; c'est le dernier que je vais raconter.

Un des jeux les plus connus et les plus goûtés de tous les écoliers, c'est *la découverte*. Se cacher et être découvert, chercher et découvrir à son tour, tel est le charme de ce jeu qui abonde en joyeuses surprises. Plein d'intérêt, même dans l'étroite cour d'un séminaire ou d'un collége, il offre un agrément tout particulier, lorsque, pour s'y livrer, on n'a d'autres limites que l'immensité des forêts, la profondeur des vallées et les cimes des montagnes. C'était après la chasse aux écureuils, notre exercice préféré dans nos jours de promenade. Nous partions immédiatement après dîner, puis, après une ou deux heures de marche, nous nous arrêtions dans un lieu quelconque, qui devait être notre quartier général et notre point de ralliement. Là, nous nous partagions en deux bandes, celle des voleurs et celle des gendarmes. Les voleurs s'allaient cacher soit par groupe, soit isolément, à une demi-lieue de distance dans toutes les directions, et, une demiheure après, les gendarmes s'élançaient à leur poursuite.

Un jour, je m'en souviendrai toute ma vie, c'était au mois de mars, nous étions allés plus loin que d'ordinaire pour nous livrer à notre divertissement favori. Comme j'étais au nombre des voleurs, je me précipitai, à l'exemple de mes compagnons, dans la première direction venue, et, après une course folle à travers les précipices, j'arrivai tout haletant auprès d'un immense rocher dont les profondes cavités me fournirent une cachette impénétrable. J'entendais par intervalle les cris de surprise et de joie que poussaient mes condisciples à chaque nouvelle découverte ; mais personne ne venait dans ma direction.

Peu à peu les bruits s'effacèrent et je me trouvai dans la plus profonde solitude. La nuit commençait à tomber et à envelopper le ciel qu'assombrissaient encore de menaçants nuages. Seul au milieu de déserts inconnus, incapable de reconnaître ma route, je fus saisi par la peur et me mis à courir à toutes jambes dans l'espoir de rejoindre mes condisciples. Je criais pour les appeler, mais aucune voix ne répondait à mes cris, si ce n'est le sifflement de la bise à travers les noirs sapins et le lointain fracas des torrents grossis par la fonte des neiges.

Cependant la nuit devenait plus épaisse, et avec elle croissait ma terreur. Je ne me sentais plus la force ni de crier ni de courir. Du reste, crier était fort inutile, personne ne pouvait m'entendre ; courir était dangereux, à cause des affreux précipices qui bordaient le chemin. Il n'y avait qu'un seul parti à prendre, c'était de m'asseoir au pied d'un rocher pour y attendre que le jour se levât ou que la lune voulût bien venir éclairer ma route.

Elle parut, en effet, au bout de deux heures, à travers les nuages séparés par la violence du vent. A sa faveur, je repris ma marche et arrivai bientôt à un étroit sentier qui, par une pente rapide, aboutissait à un torrent. Je le suivis machinalement, et quelques instants après je me trouvai en face d'un vieux pont en pierre, de forme conique, qui se dressait comme une masse informe au-dessus des eaux. A cette vue, je poussai un cri de terreur. C'était le *Pont-du-Diable*, dont le nom seul inspirait l'épouvante à toute la contrée. Les histoires effrayantes que j'avais entendu raconter au sujet de ce pont mystérieux me revinrent aussitôt à la mémoire, et les nombreux assassinats qui y avaient été commis à la faveur de la solitude et du fracas des eaux, et les fréquentes apparitions du diable qui, à partir d'une certaine heure de la nuit, arrêtait infailli-

blement les imprudents qui s'y osaient aventurer.

Que de fois, pendant les veillées d'hiver et
dans mon lit, j'avais frissonné au souvenir de ce
pont lugubre! Et je me trouvais seul auprès de
lui, au milieu d'une nuit obscure! C'était lui! Je
le reconnaissais trop bien, je l'avais déjà vu en
plein jour, et du reste la frayeur instinctive que
j'éprouvais me le disait assez.

Que faire? Traverser le pont? Je ne pouvais
m'y déterminer, bien qu'au delà je connusse le
chemin qui conduisait au bourg. Franchir le torrent? L'abondance et la rapidité des eaux rendaient cette entreprise impossible. Revenir sur
mes pas? C'était me résoudre à passer la nuit
entière dans la montagne. Enfin, après avoir exa-
miné successivement chacun de ces différents
partis qui tous me faisaient dresser les cheveux
sur la tête, je me résignai à traverser le pont.
Je m'y avançai en tremblant, après avoir fait
appel à tout mon courage; puis, me bouchant les
oreilles et fermant les yeux, au risque de tomber
dans le précipice, je me mis à courir de toutes
mes forces, comme si j'eusse eu le diable à mes
trousses.

Ce ne fut que longtemps après avoir dépassé
ce pont fatal que je cessai cette course nocturne
qu'accompagnaient d'un concert vraiment infernal

les hurlements des loups et les cris lugubres des chouettes mêlés aux grondements des ondes et aux mugissements du vent.

J'étais sauvé, je reconnaissais la route du bourg où j'arrivai dans l'état le plus pitoyable, vers onze heures du soir. Mes condisciples m'attendaient auprès d'un bon feu. Après le récit de mon aventure, nous nous allâmes coucher, et jamais mon lit ne me parut meilleur, bien que dans mes rêves, toute la nuit, j'eusse à me débattre avec le diable.

Le lendemain, je dois le dire, je ne fus ni battu ni grondé !

Je demande pardon à mes lecteurs si je me suis laissé entraîner si loin dans le récit de ces petites scènes d'enfance, qui n'ont sans doute d'attraits que pour moi. A mesure que nous avançons dans la vie et que, sous l'influence croissante de l'expérience et de la raison, nous voyons s'effacer peu à peu nos illusions et nos rêves, nous aimons à reporter notre pensée vers ces premières années où tout nous souriait, et à retrouver ces bruits, ces surprises, ces enchantements du jeune âge dont on regrette, même sous les cheveux blancs de la vieillesse, les charmes évanouis.

LE SÉMINAIRE

DES

MISSIONS ÉTRANGÈRES

———

« Euntes docete omnes gentes. »
Allez et enseignez toutes les nations.
(MATTH., XXVIII, 19.)

I

Le Séminaire des Missions Étrangères, qui depuis plus de deux cents ans envoie des ouvriers dans les contrées les plus reculées du globe, est situé dans la rue du Bac, une des plus populeuses de la capitale. Une modeste statue de la Vierge immaculée surmonte l'humble portail de cette pieuse demeure, et dans la cour d'entrée, sur un piédestal de granit, se dresse le grand patron de la Chine, des Indes et du Japon, saint

François Xavier, l'apôtre par excellence de l'extrême Orient. Si l'on pénètre dans l'intérieur, partout une admirable simplicité. Une autre statue de la reine des apôtres frappe les regards. Au bas on lit cette inscription touchante : *monstra te esse matrem*. Montrez que vous êtes notre mère.

Marie, en effet, n'est-elle pas tout spécialement la mère de ceux qui ont quitté la leur pour suivre Jésus-Christ? N'est-elle pas l'étoile qui brille au-dessus des flots et dont la bienfaisante lumière guide les missionnaires à travers les écueils et les abîmes de l'Océan?

Depuis quelques années, cet établissement a pris des proportions considérables; le nombre des *aspirants*, qui s'élevait rarement au-dessus de 40 ou 50, dépasse aujourd'hui celui de 100. —C'est là qu'ils se préparent, par l'étude de la théologie, à la réception des saints ordres et à la vie apostolique qu'ils doivent mener un jour, par les conseils et les exemples de vénérables directeurs, qui tous ont traversé les mers, et dont plusieurs, confesseurs de la foi, portent encore les glorieuses marques de leurs souffrances. Heureuse maison, sanctuaire béni où règne la concorde la plus parfaite, la charité la plus ardente! Tous ces jeunes gens s'aiment comme des frères. Tout est commun entre eux; une seule pensée les anime, un seul désir remplit leurs cœurs : la pensée de servir Dieu au prix de tous les sacrifices, le désir d'arroser le plus tôt possible de leurs sueurs, et surtout de leur sang, les plages barbares et inhospitalières de la Chine, de la Corée et du Japon.

Que ne puis-je raconter au long ces séparations douloureuses, ces scènes déchirantes et sublimes dont j'ai moi-même été plusieurs fois le témoin ! Un fils se débarrassant avec effort des bras de sa mère, une mère éplorée s'attachant avec une sorte de désespoir à son fils unique, qui la quitte pour Dieu, et dont elle ne veut pas se séparer ! Les prières, les menaces, les promesses, les larmes, rien ne peut ébranler ces cœurs que le zèle de la gloire de Dieu dévore, ces âmes que la charité rend plus fortes que la nature, plus grandes que le monde !

Au fond du vaste jardin, où les jeunes aspirants prennent leurs récréations, s'élève un élégant oratoire dédié à la Reine des apôtres et des martyrs. C'est là que tous les samedis de l'année, et tous les jours pendant le mois de mai, les futurs missionnaires donnent rendez-vous à tous les membres de la famille. Personne n'est oublié, et les confrères martyrs qui sont dans le ciel, et ceux qui travaillent dans les Missions, et ceux surtout qui voguent sur la mer. C'est là aussi qu'ils viennent chanter le *Magnificat* et le *Te Deum*, lorsqu'on reçoit l'heureuse nouvelle que quelque confrère a été jugé digne de la couronne du martyre.

Quelquefois, aux voix mâles et vigoureuses des missionnaires viennent se mêler, par un heureux hasard, les voix douces et harmonieuses des filles de Saint-Vincent de Paul, dont l'habitation est voisine du séminaire des Missions Étrangères. Rien de plus émouvant que le mélange de ces voix diverses qui partent d'un même cœur. Les sœurs de charité sont aussi des apôtres. Le même navire qui portera les missionnaires à l'autre bout du monde y portera aussi ces filles admirables qui ne redoutent ni les mers ni les orages, ni les glaces du pôle, ni les feux de l'équateur, et à la charité desquelles la terre semble manquer.

Il y a aussi dans l'intérieur de la maison un autre oratoire, qui est le trésor, et, si j'ose m'exprimer ainsi, le musée du Séminaire : je veux parler de la *salle des martyrs*. Tous les soirs, avant de prendre son repos, chaque aspirant, chaque directeur, vient s'agenouiller auprès des restes précieux des membres de la communauté qui ont donné leur vie pour Jésus-Christ. Et personne ne se retire sans avoir baisé avec un religieux respect et une sainte envie le crucifix, encore teint de sang, que Mgr Borie tenait entre ses mains lorsqu'il fut décapité pour la foi, au Tong-King, le 24 novembre 1838. Que de prières ferventes, que de soupirs, que de désirs ardents s'élèvent tous les jours de cette glorieuse salle vers le ciel! Ces crânes, ces glaives, ces fouets, ces rotins, ces cangues, ces cordes, ces chaînes, seuls ornements de la salle des martyrs, loin d'ébranler les vocations, ne servent qu'à les affermir. Quand on a fait à Dieu le sacrifice de son pays, de sa famille et de soi-même, on est prêt aussi à lui faire le sacrifice de sa vie. C'est pourquoi ces instruments de supplice, qui glacent d'épouvante et d'horreur les visiteurs, sont des objets d'envie pour les jeunes apôtres, qui ne [demandent pas d'autre récompense de leurs travaux.

II

C'est surtout un jour de départ qu'il faut voir le Séminaire des Missions Étrangères. Un air de fête règne dans toute la maison, la joie brille sur tous les visages, et surtout sur ceux des *partants*[1]. Plus la mission qui leur est assignée est dange-

---

1. Nom qu'on donne aux prêtres qui font partie du départ.

reuse et persécutée, plus ils sont contents. Le soir, à huit heures, la communauté se rend à l'oratoire du jardin. On chante d'abord le *Magnificat*, puis l'*Ave maris Stella*, et on termine cette touchante cérémonie par le chant des invocations accoutumées : *Regina apostolorum, Regina martyrum, Stella maris, ora pro nobis.* On se rend ensuite, en silence, à la chapelle du Séminaire. On fait la prière du soir et on donne le sujet de méditation pour le lendemain. Les prières terminées, le cérémonie des adieux commence. Cependant, les nouvelles victimes sont debout sur le marche-pied de l'autel, calmes et joyeuses ; Dieu seul sait ce qui se passe dans le cœur de ces heureux missionnaires, à ce moment solennel. Le chœur chante le *Laudate, pueri, Dominum,* entrecoupé par ce verset si bien fait pour la circonstance : *Quam speciosi pedes evangelizantium pacem, evangelizantium bona !* Puis vient le magnifique chant du départ, qu'entonne une voix forte et vigoureuse :

> Partez, hérauts de la bonne nouvelle,
> Voici le jour appelé par vos vœux ;
> Rien, désormais, n'enchaîne votre zèle,
> Partez, amis ; que vous êtes heureux !
> Oh ! qu'ils sont beaux, vos pieds, missionnaires !
> Nous les baisons avec un saint transport...
> Oh ! qu'ils sont beaux sur ces lointaines terres,
>   Où règnent l'erreur et la mort !

Et toutes les voix chantent avec un saint enthousiasme ce refrain si touchant :

> Partez, amis, adieu pour cette vie,
> Portez au loin le nom de notre Dieu,
> Nous nous retrouverons un jour dans la patrie ;
>   Adieu, frères, adieu !
>
> Qu'un souffle heureux vienne enfler votre voile,
> Partez, amis, sur les ailes des vents ;
> Ne craignez pas, Marie est votre étoile,
> Elle saura veiller sur ses enfants.
> Respecte, ô mer, leur mission sublime,
> Garde-les bien, sois pour eux sans orgueil,
> Et sous ces pieds qu'un si beau zèle anime,
>   De tes flots abaisse l'orgueil.
>
> Partez, partez, car nos frères succombent ;
> Le temps, la mort ont décimé leurs rangs ;
> Ne faut-il pas remplacer ceux qui tombent
> Sous le couteau des féroces tyrans ?
> Heureux aînis ! Partagez leur victoire,
> Suivez toujours les traces de leurs pas !
> Dieu vous appelle, et, du sein de la gloire,
>   Nos martyrs vous tendent les bras.
>
> Partez, amis, adieu, etc.

Pendant ce temps-là, les évêques, les prêtres, les missionnaires, et enfin les laïques assistant à cette émouvante cérémonie, baisent, à genoux, ces pieds heureux qui vont traverser les mers et porter la bonne nouvelle du salut et de la paix aux peuples infidèles. Des pères viennent, en pleurant, poser leurs lèvres tremblantes sur les pieds de leurs fils et leur dire, à la face des autels, un éternel adieu. Les larmes gagnent tous les yeux, les *partants* seuls ne pleurent pas, ou s'ils pleurent ce sont des larmes de joie qu'ils répandent. Je renonce à ajouter à cette scène des pensées et des réflexions qui ne feraient que l'affaiblir. Les émotions produites dans l'âme par un tel spectacle sont au-dessus de toute expression humaine.

Des fiacres attendent les nouveaux missionnaires à la porte de l'église. Après avoir donné leur bénédiction à leurs confrères et à la foule avide de la recevoir, ils partent, accompagnés de quelques directeurs, des prêtres et des diacres de la maison qui composeront le prochain départ.

III

Suivons un moment au milieu des flots ces intrépides soldats de Jesus-Christ que l'amour de Dieu et des âmes pousse vers les plages infidèles. La terre de France a disparu à leurs regards.... et ils sont joyeux. Le sacrifice est consommé ;

la famille, les amis, le pays n'existent plus pour eux que dans le souvenir. Dès lors ils sont véritablement missionnaires, et ils commencent à exercer leur zèle. Ils instruisent les matelots, préparent à la première communion ceux qui ne l'ont pas encore faite. Lorsque le capitaine le permet, ils disent la sainte messe le dimanche, donnent des instructions à l'équipage, chantent les vêpres. Une gaieté franche règne toujours parmi eux. L'étude, la prière, les œuvres de charité et de doux entretiens partagent leurs journées ; et le soir, lorsque la nuit commence à couvrir la mer, ils font monter vers le ciel le chant de l'*Ave, maris Stella*, pour l'heureux succès de leur voyage.

Enfin, après cinq ou six mois d'une pénible traversée, on arrive. La voilà cette terre qu'ils vont arroser de leurs sueurs et de leurs larmes !... cette nouvelle patrie que leur ardente imagination et leur charité plus ardente encore leur faisait entrevoir depuis tant d'années !... Oh ! comme il bat le cœur de ces jeunes apôtres ! De leur poitrine brûlante s'échappe un *Te Deum* d'actions de grâces... des larmes de joie coulent de leurs yeux... leurs mains se lèvent pour bénir... ils sont dans une ivresse inexprimable. Des confrères, prévenus de leur arrivée, les attendent sur le port, et, après leur avoir souhaité la bienvenue, les emmènent à la Procure[1]. Dès le jour même ou le lendemain, ils prennent le costume des gens du pays où ils se trouvent. Les voilà transformés en Indiens, en Chinois, en Thibétains, en Japonais; il ne leur reste plus rien de leur pays, pas même le langage qu'ils échangent contre un autre dur et barbare. Lorsqu'ils sont suffisamment versés dans la connaissance de la langue, ils se séparent, et chacun se rend dans la partie de la vigne qu'il doit défricher, prêt à lui consacrer jusqu'à la dernière goutte de ses sueurs, jusqu'à la dernière goutte de son sang.

Le ministère, dans les Missions persécutées, est très-pénible. Le missionnaire est le plus souvent sans asile, errant, pourchassé, traqué comme une bête fauve. Sa tête est mise à prix; une forte récompense est promise à celui qui le livrera mort ou vif. Il voyage pendant la nuit pour visiter les chrétientés confiées à ses soins... il entre dans la cabane d'un chrétien, et là, à la faveur des ténèbres, il déplie sa petite chapelle, prépare un autel, se revêt des ornements sacrés et célèbre le saint sacrifice de la messe, entouré de quelques fidèles venus à petit bruit, pour ne pas donner l'éveil aux païens. Après quelques jours

---

1 La Congrégation des missions étrangères a une procure dans chaque port important de l'Inde et de la Chine.

de station, lorsque tout le monde s'est confessé, lorsque le missionnaire a rempli son ministère, il fait ses adieux à ses chers néophytes qu'il a enfantés à la religion et qu'il ne reverra peut-être plus... Il plie son petit bagage, et, toujours au milieu de la nuit et dans le plus grand silence, il s'achemine vers une autre chrétienté, éloignée quelquefois de 10, de 20, de 30, 40 et 50 lieues. Oh ! qu'ils sont beaux ces pieds qui se fatiguent ainsi à la recherche des âmes ! Oh ! qu'ils sont heureux ces apôtres qui s'en vont, à travers les déserts, les montagnes, les forêts et les fleuves, semer la parole de Jésus-Christ ! *Euntes ibant et flebant mittentes semina sua.*

Pendant le jour, si le missionnaire est dans quelque maison, il se tient caché, soit dans une corbeille, soit dans un grand vase, soit dans un coin obscur ; il ne peut tousser, cracher ni remuer qu'avec les plus grandes précautions, pour ne pas se faire découvrir et compromettre ainsi sa vie et celle des personnes généreuses qui lui donnent l'hospitalité. Si le jour le surprend, pendant qu'il voyage, il doit, pour se soustraire aux poursuites des satellites, se tenir blotti sous terre, dans le creux des rochers, dans les antres sauvages, privé de tout secours, obligé de se nourrir des herbes, des racines et de quelques fruits qu'il rencontre. Heureux encore quand il n'est pas malade, quand sa santé n'est pas gravement altérée par de si rudes épreuves! Oh! alors, quel spectacle! sans parents, sans amis, sans patrie, délaissé au fond d'un bois, sur une montagne aride, exposé à la pluie et au vent, accablé par la souffrance, miné par la fièvre, il n'attend plus qu'une mort affreuse et ignorée... Sa dernière pensée est pour ses brebis; il offre pour elles à Dieu le sacrifice de sa vie. Tels ont été les derniers moments de Mgr Retord, ce vaillant capitaine de Jésus-Christ, cet infatigable apôtre du Tong-King, le modèle, le type des missionnaires. Lors de sa consécration épiscopale, il avait pris pour devise ces paroles : *Fac cruce inebriari*[1]. Il l'a remplie à la lettre ; il devait être abreuvé de croix à sa mort comme pendant sa vie. Il a fini ses jours sur une montagne déserte, dans une méchante cabane de paille de six pieds carrés, après avoir perdu jusqu'à sa crosse et sa mitre, après avoir vu renverser les unes après les autres toutes les églises de son vicariat. Il ne manqua à ce grand évêque que la couronne du martyre, qu'il désirait avec tant d'ardeur. Plusieurs fois il y a échappé comme par miracle. Voici le chant qu'il composa lors du martyre du vénérable Bonnard, son compatriote :

1. Faites que je m'enivre de la croix.

AIR : *Vierge sainte, rose vermeille.*

Quand combattrai-je dans l'arène
Contre la fureur du tyran?
Quand verrai-je à mes pieds la chaine,
Autour de mon cou le carcan?
Mes amis sont couverts de gloire,
Et moi je ne puis que gémir!!!
Je veux pour gagner la victoire
    Mourir!

Je veux rendre ce sol fertile,
Arracher ses épais buissons;
Je veux que ce terrain d'argile
Se couvre de hautes moissons.
Mais, pour activer sa nature,
Le travail n'est pas suffisant...
Il faut pour l'orner de verdure
    Du sang!

Du mondain l'insensé délire
Au monde borne ses souhaits;
De Jésus vivant sous l'empire,
Dans la croix sont tous mes attraits.
De Jésus que l'amer calice
Abreuve mon dernier soupir;
Que je succombe dans la lice
    Martyr!

Adieu, mes amis de ce monde,
Il se fait tard, séparons-nous;
Et ne pleurez pas sur ma tombe,
Mais pour moi priez à genoux.
Je ne veux plus de cette vie,
De cet exil trop sombre lieu...
Nous nous verrons dans la patrie...
    Adieu!

Telle est la vie des missionnaires dans ces contrées persécutées et barbares où ils craignent moins la rencontre des bêtes féroces que celle des hommes. Ils sont pourtant heureux… leur cœur surabonde de joie, au milieu de ces cruelles épreuves. Ils savent que leur tristesse se changera en joie et que ce qu'ils sèment dans les larmes, ils le moissonneront un jour dans l'allégresse. *Qui seminant in lacrymis in exsultatione metent.*

VISITE

A U

GRAND SAINT-BERNARD

« Ecce super montes pedes evange-
lizantis pacem. »
Je vois sur les montagnes les pieds de
ceux qui évangélisent la paix.

(Nahum, I, 15.)

I

Tout le monde a entendu parler du Grand-Saint-Bernard, de ces bons religieux qui y exer-cent la plus généreuse hospitalité, au péril con-tinuel de leur vie, et de ces braves chiens, compagnons intelligents de leurs héroïques tra-vaux. Souvent, dans mon enfance, à la suite de récits ou de lectures qui m'avaient fait frissonner, j'ai laissé errer mon imagination sur ces montagnes désolées, patrie des neiges et des glaces éternelles, et théâtre quotidien de si cruelles angoisses et d'une si ardente charité.

Aussi, lorsqu'au mois d'août de l'année 1871, il me fut permis d'entreprendre le voyage de Suisse, je n'oubliai pas de mettre, au nombre de mes plus intéressantes excursions, celle de l'hospice du Grand-Saint-Bernard.

Pour voyager en Suisse, il faut avoir la bourse bien garnie ou de bonnes jambes, car le manque fréquent de routes carrossables met à chaque instant le touriste dans l'alternative, ou de prendre un mulet et un guide, ce qui coûte fort cher, ou de franchir à pied les vallées et les montagnes, ce qui fatigue beaucoup.

C'est par ce dernier genre de transport que, le 25 août 1871, par une chaleur tropicale, mon compagnon de route et moi nous quittions Chamouny, son incomparable vallée et le Mont-Blanc, pour nous rendre à Martigny, rendez-vous obligé de tous les amateurs qui veulent tenter la longue et pénible ascension du Grand-Saint-Bernard. C'était dix heures de marche pendant lesquelles nous devions passer par tous les points de vue, tous les dangers, toutes les températures, toutes les fatigues. Le lecteur ne sera peut-être pas fâché de nous suivre dans les divers incidents de notre excursion jusqu'à la montagne hospitalière, où il pourra avec nous se reposer tout à son aise. Nous nous y rendrons à petites journées, et si ce récit lui plaît, je serai heureux de consacrer les rares loisirs que me laisse ma double charge à lui en offrir d'autres qui pourront l'intéresser.

Nous quittâmes donc Chamouny (val des chamois) pour nous rendre à Martigny, distant d'une bonne journée de marche. Après avoir longé pendant quelque temps la partie inférieure de la *mer de glace* (glacier des bois), que dominent à 13,000 pieds de hauteur l'aiguille *du Dru* et l'aiguille *Verte*, nous traversâmes Argentières, Tréléchan et la Poya, misérables hameaux composés de pauvres chaumières qui ne prêtent leur asile à leurs habitants que trois ou quatre mois de l'année, après lesquels ils vont demander aux plateaux voisins un abri contre les fréquentes avalanches qui dévastent ces contrées.

Pour rendre plus triste encore l'aspect de ces sauvages régions, de grossières croix de bois, plantées çà et là sur le bord du sentier, indiquaient qu'à l'endroit même un voyageur, un guide, quelquefois une caravane tout entière, avaient péri victimes d'une avalanche, d'un éboulement de rochers, d'une chute ou d'une attaque de la part des nombreux brigands qui infestent ces solitudes. C'est au milieu de ces effrayantes images de la mort, échelonnées sur notre passage, que, peu rassurés pour nous-mêmes, nous nous engageâmes dans la gorge resserrée et profonde qui aboutit au village de Valorsine.

Valorsine (val des ours), dernier village de la Haute-Savoie, est bâti près d'un torrent dont les eaux, étroitement encaissées entre deux montagnes couvertes de sombres sapins, revêtent une teinte foncée qui justifie son nom d'*Eau-Noire*, que lui ont donné les habitants du pays. Nous visitâmes l'humble église et le presbytère, témoin il y a quelques années d'un drame horrible.

Un soir de printemps (je ne me rappelle plus l'année), le vent soufflait avec fureur dans la gorge, les eaux du torrent, grossies par la fonte des neiges, mugissaient, et les sapins de la montagne rendaient de sinistres hurlements sous l'effort d'une épouvantable tempête.

Toutes les lumières étaient éteintes dans les chaumières du village, dont les paisibles habitants dormaient. Seul le pasteur veillait et terminait ses prières avant d'aller prendre son repos de la nuit. Un coup violent frappé à la porte du presbytère vint subitement l'interrompre.

— Qui est là ? s'écrie le prêtre, avant d'ouvrir à ce tardif visiteur.

— Ouvrez, je vous prie, monsieur le curé ; je viens vous chercher pour un malade.

La porte s'ouvrit et donna passage à un inconnu qui paraissait essoufflé par suite d'une longue course.

— Qui êtes-vous? demanda le prêtre.

— Je suis un voyageur logé à l'auberge de la
Tête-Noire, et je viens vous chercher pour un de
mes compagnons de route, pris d'un mal subit qui
met sa vie en danger.

— Je vous suis, répondit le curé en se diri-
geant vers une armoire qui renfermait le sac des
malades; puis, sans s'inquiéter du mauvais temps,
de l'heure avancée, ni de la difficulté du chemin
qui conduit à la Tête-Noire, éloignée d'une heure
et demie, il se mit en devoir d'accompagner l'é-
tranger.

Le chemin qui conduit de Valorsine à la Tête-
Noire est, sans contredit, après la *Via-Mala*, le
plus sauvage et le plus désert que je connaisse.
Pratiqué à grand'peine dans la gorge qui s'étend
à une bonne lieue du village, il passe au milieu
d'une forêt de sapins et côtoie l'Eau-Noire, torrent
capricieux que l'on traverse trois fois sur des ponts
grossièrement construits par les montagnards.

Telle était la route que suivaient, sans mot
dire, et par un temps affreux, nos deux voyageurs. Le fracas des eaux bondissant contre les
rochers et se précipitant en cascades mugissantes, les lugubres sifflements du vent, l'heure

avancée de la nuit, l'obscurité profonde dans laquelle ils se trouvaient, cette course précipitée et silencieuse avec un inconnu, tout commençait à inspirer au curé de vives inquiétudes.

Ils avaient franchi le premier pont, situé à vingt minutes du village. Dix minutes après, ils arrivaient au second, jeté d'un bord à l'autre de l'Eau-Noire, à quelques mètres de sa jonction avec la Barberine, autre torrent qui forme à une demi-lieue de là, entre les montagnes du *Gros-Perron* et du *Bel-Oiseau*, une cascade magnifique dont le bruit se faisait entendre comme les roulements lointains du tonnerre.

Il pouvait être onze heures du soir.

— Savez-vous, monsieur le curé, s'écria brusquement l'étranger en rompant pour la première fois le silence, qu'il ne fait pas bon voyager à pareille heure et par un temps pareil. Votre ministère est parfois bien pénible.

Ils étaient entrés tous les deux sur le pont.

— Nous travaillons pour la gloire de Dieu et le salut des âmes, répondit le prêtre ; nous...

Il n'eut pas le temps d'en dire davantage : d'un coup terrible de son poing armé d'un casse-tête, l'inconnu l'avait étendu raide sur le pont.

L'assassin, après de nombreux coups portés à sa victime, persuadé qu'il ne frappait plus qu'un cadavre, dépouilla le digne curé et précipita son corps dans le torrent qui bouillonnait à quinze pieds de profondeur.

Cependant la servante du presbytère, qui, dans sa vive inquiétude au sujet de son maître, n'avait pu se résoudre à s'aller coucher, veillait, livrée malgré elle à de tristes pressentiments.

Vers minuit, un coup vigoureusement frappé à la porte la fit tressaillir, et une voix haletante cria du dehors :

— Ouvrez vite, je viens de la part de M. le curé.

La servante, reconnaissant la voix de l'étranger qui accompagnait son maître, se hâta d'ouvrir, craignant d'apprendre quelque fâcheuse nouvelle.

L'assassin, à peine entré, se précipita sur la pauvre femme, la terrassa, lui lia les pieds et les mains, puis la bâillonna pour étouffer ses cris qui auraient pu attirer les voisins. Seul maître de la maison, il fouilla partout, défonça les armoires, et disparut après s'être emparé de tout ce qu'il lui avait plu d'emporter.

Le lendemain matin, avant le jour, le bon curé de Valorsine arrivait à son presbytère. Simplement étourdi par ses nombreuses meurtrissures, au lieu de tomber dans le torrent, où il aurait infailliblement péri, il était tombé, par un hasard tout providentiel, sur un énorme rocher où la fraîcheur de l'eau l'avait peu à peu ranimé.

Revenu conplétement à lui, il avait repris le chemin du village et de sa maison. A la vue de sa servante ainsi maltraitée, des tiroirs vides et des armoires défoncées, le saint prêtre ne songea qu'à remercier Dieu, qui avait bien voulu conserver deux vies qui avaient couru un si grand danger.

Le jour même quelques hommes du village se mirent à la poursuite de l'assassin et battirent les montagnes. Ce ne fut qu'au bout de trois jours qu'ils le rencontrèrent sur le territoire suisse, s'en emparèrent et le livrèrent à la justice française, qui lui fit subir le châtiment dû à son crime.

Tel est le récit que nous fit un paysan de Valorsine dans le presbytère même, en l'absence du curé actuel, successeur du héros de cette trop véridique histoire.

II

Pleins de sombres pensées, nous continuâmes notre route, la même que le prêtre et l'étranger avaient suivie. Nous nous arrêtâmes au pont du crime, où l'on nous fit remarquer le rocher auquel le digne curé avait dû son salut; puis, au sortir de la gorge, après avoir franchi le troisième pont qui forme la limite de la Savoie et de la Suisse, nous gravîmes la pente escarpée et dangereuse qui conduit à la Tête-Noire, où nous fîmes halte pour dîner.

L'auberge de la Tête-Noire est située au point culminant de la montagne de ce nom, 1,200 mètres au-dessus de la vallée du Trient. Pour y arriver, le sentier s'escarpant de plus en plus, à mesure que l'on monte, se rétrécit enfin au point de n'offrir au voyageur que la largeur d'un pied pour passer sur un abîme de 3,600 pieds, au fond duquel on aperçoit, comme un filet argenté, sans en entendre le bruit, les eaux tumultueuses de la Barberine.

Un ivrogne attardé, passant par là, quelques jours avant nous, avait naturellement roulé au fond du précipice. Le lendemain, on le vit tranquillement assis sur un rocher qui domine le torrent. Il en était quitte pour une jambe foulée, justifiant ainsi le dicton populaire : « *Il y a un dieu pour les ivrognes.* » Un assassin, moins heureux, ayant été pris, à peu près vers le même temps, par les montagnards, avait dû faire le même saut, mais on n'entendit jamais plus parler de lui.

Après sept heures de montée, il nous fallait trois heures de descente pour arriver à Martigny. Il était sept heures du soir quand nous fîmes notre entrée dans cette charmante ville, la perle de la vallée du Rhône. Tous les hôtels étaient envahis par les Américains et les Anglais, et ce ne fut qu'après bien des marches et contremarches, et à force de supplications et d'argent, que, morts de faim et de fatigue, nous pûmes trouver à souper et un gîte pour passer la nuit.

Le lendemain, à onze heures, nous quittions Martigny sur une mauvaise carriole qui, moyennant une somme exorbitante, devait nous conduire jusqu'à *Saint-Pierre*, gros bourg de 1,300 habitants, à 2,000 mètres d'altitude, point extrême du chemin carrossable pour se rendre à l'hospice du Grand-Saint-Bernard.

La route, qui monte toujours par une pente de plus en plus rapide, s'enfonce d'abord dans des gorges sauvages où mugissent les eaux glacées de la *Dranse*; puis, après avoir dépassé la *val d'Entremont*, elle s'escarpe aux flancs de la montagne, bordée à gauche par des rochers surmontés de montagnes neigeuses, d'où se précipitent de fréquentes avalanches, et, à droite, de précipices et de gouffres béants sans cesse prêts à engloutir les voitures, les mulets et les voyageurs.

Nous traversâmes successivement Sambrancher, Orsières et Liddes, villages importants, échelonnés à deux heures de distance les uns des autres, pour servir d'étapes aux piétons et de relais aux chevaux.

A une heure de Liddes, nous recontrâmes une gracieuse chapelle dédiée à Notre-Dame de Lorette, et située à 5,000 pieds au-dessus d'une profonde vallée dont les champs, les bois, les villages et les hameaux ne paraissaient plus que comme des points indiqués sur une grande carte. C'était juste la hauteur de Notre-Dame de la Salette, où, quelques années auparavant, j'avais baisé les traces de Marie. A 3,000 pieds plus haut, devant nous, se dressaient les flancs dénudés du Grand-Saint-Bernard, dont les sommets glacés se perdaient dans les nues.

Avant d'entreprendre cette effrayante ascension, nous éprouvions le besoin de nous recommander à la sainte Vierge. Combien de voyageurs, avant nous, s'étaient agenouillés aux pieds de cette statue rustique, et avaient prié Celle qui conduit les marins au milieu des flots courroucés de les conduire sains et saufs à travers les mille dangers de la montagne !

Jamais sanctuaire ne m'a paru mieux situé que cette modeste chapelle d'où Marie semble couvrir de sa protection maternelle cette immense vallée qui se creuse et s'étend à ses pieds à d'incalculables profondeurs, et où elle paraît garder l'entrée de ces montagnes presque inaccessibles qui se dressent menaçantes avec leurs innombrables précipices et leurs éternels frimas.

Après une fervente prière, nous repartîmes, pleins de confiance en Marie, et nous arrivâmes quelque temps après à Bourg-Saint-Pierre, où nous dûmes passer la nuit. Il était sept heures du soir. Nous descendîmes à l'hôtel même où, soixante-treize ans auparavant, Bonaparte avait logé avec son état-major, et qui, depuis cette époque, a pris pour enseigne : *Au Déjeuner de Napoléon I*er. Nous nous assîmes dans l'antique fauteuil qui servit au premier consul, fauteuil que l'on conserve, comme une précieuse relique, dans un coin de la salle destinée aux voyageurs de distinction,

Nous pûmes voir, le lendemain matin, les divers emplacements occupés par les troupes françaises et les sentiers abrupts par lesquels avait dû passer l'armée, cavalerie et infanterie, traînant à sa suite, dans d'énormes troncs de sapins creux, les canons démontés de leurs affûts et portés le plus souvent à bras par des hommes se relayant de distance en distance.

Malgré les difficultés presque insurmontables du passage du Grand-Saint-Bernard, les troupes romaines sous Auguste, les Lombards en 547, et Charlemagne en 773, osèrent tenter cette effrayante entreprise. Mais le vainqueur de Marengo surpassa ses devanciers en habileté et en audace en conduisant une nombreuse cavalerie et un train considérable d'artillerie par des sentiers à peine accessibles aux piétons et aux mulets.

Pour se rendre de Bourg-Saint-Pierre à l'hospice du Grand-Saint-Bernard, il faut quatre bonnes heures, soit à mulet, soit à pied.

C'est là que commence ce désert sibérien où toute végétation s'épuise et meurt longtemps avant d'atteindre la crête. Nous arrivâmes bientôt dans une espèce de plaine triste et sombre, formée par l'évasement des montagnes, au milieu de laquelle se montre une auberge isolée : c'est la *Cantine de Proz*, ainsi nommée pour rappeler le souvenir du passage des troupes françaises dans ces lieux déserts. Nous y prîmes des mulets et des guides pour terminer cette fatigante ascension, où, pendant dix mois de l'année, tant de pauvres voyageurs trouvent la mort.

Après avoir traversé la *plaine de Proz* et le *défilé de Marengo*, on gravit presque à pic un sentier bordé de distance en distance de grands poteaux destinés à indiquer le chemin au voyageur, lorsque la neige, qui couvre tout de son vaste linceul, en a fait disparaître la trace. Les avalanches et les ouragans renversent fréquemment ces signaux protecteurs, et alors malheur au voyageur égaré dans ces steppes de neige où tout secours manque, où les plus redoutables dangers l'attendent. En proie au désespoir, découragé, fatigué d'une lutte inégale contre les éléments, il sent sa tête s'appesantir, un engourdissement invincible s'empare de tous ses membres, et il s'assied, cherchant sur ce chevet glacé un sommeil précurseur du trépas. Si, pour vaincre cette fatale lassitude, il veut poursuivre sa route, il ne tarde pas à disparaître dans quelque précipice où, sous vingt pieds de neige, il trouve une mort horrible et une affreuse sépulture.

C'est pourtant à travers ces effrayantes solitudes que se dirige une des deux seules routes qui unissent l'Italie à la Suisse. Ce passage est si périlleux, que de tout temps on a senti le besoin de le placer sous la protection du ciel : les païens, en élevant un temple à Jupiter sur le sommet du col ; les chrétiens, en y établissant un monastère et une chapelle consacrée au Dieu vivant.

Une heure avant d'arriver à l'hospice, on rencontre deux petites cabanes construites en pierres grises : l'une est *l'hôpital*, destiné à abriter les voyageurs, qui y trouvent un banc, du pain et du vin ; l'autre est *la Morgue*, où sont déposés les cadavres des infortunés que la mort a surpris en route. Ils reposent là pour toujours, loin de leur famille, de leur église, de leur pays; sans sépulture, à l'abri de la corruption du tombeau, conservés pendant de longues années, grâce à la pureté de l'air qui règne dans ces régions élevées.

Après une courte halte à cette hôtellerie mortuaire, nous nous remîmes en route et franchîmes, en moins d'une heure, l'espace qui nous séparait du célèbre monastère, devant lequel nous nous trouvâmes tout à coup sans l'avoir aperçu auparavant, surprise qui attend tous ceux qui s'y rendent du côté de la Suisse. Les voyageurs qui viennent du côté de l'Italie aperçoivent, longtemps avant d'y arriver, ces masses sombres qui semblent surgir d'un océan de frimas et se dessinent tristement sur un fond de neige et de glace.

III

A notre arrivée à l'hospice, un frère *marronnier*, escorté d'énormes chiens qui grognèrent, nous reçut à la porte et nous conduisit dans une immense chambre à six lits, où nous déposâmes nos valises et nous reposâmes, en attendant l'heure du dîner, qu'on nous annonça pour onze heures et demie.

Des fenêtres de notre chambre, située à huit mille pieds au-dessus du niveau de la mer, nos regards découvraient un paysage triste et désolé, enseveli sous un vaste et épais linceul de neige. Aucune végétation sur ces rochers arides et nus, dans les fentes desquels croissent avec peine quelques touffes d'un sombre gazon. Un lac presque toujours glacé, au lieu de répandre la vie et le mouvement dans ces lieux sauvages, ne fait qu'ajouter encore à leur indicible tristesse. Seul, un torrent, le *Valtorcy*, qui tombe dans le Valais en se creusant d'affreux précipices, trouble le silence funèbre de ces effrayantes solitudes.

C'est là, où les fleurs ne s'épanouissent plus, où l'herbe même a peine à pousser, où l'aigle n'aventure pas son vol, où la vie s'use rapidement sous un climat meurtrier, que la charité chrétienne est venue planter ses tentes et se vouer à d'héroïques labeurs.

Autrefois, sur cette montagne, s'élevait un temple à Jupiter Pennin, ce qui lui fit donner le nom de *Mont Joux* (*mons Jovis*, montagne de Jupiter). Des pierres sacrées, des *ex voto*, des inscriptions et des médailles, retrouvés dans les ruines, attestent la dévotion spéciale des païens pour le dieu qui semblait garder le passage de la montagne.

La foi et la charité chrétiennes devaient s'y manifester plus noblement.

Au milieu du dixième siècle, un archidiacre d'Aoste, Bernard de Menthon, touché des maux et des dangers que les pèlerins allemands et français avaient à subir lorsqu'ils franchissaient les Alpes pour se rendre à Rome auprès du tombeau des saints Apôtres Pierre et Paul, fonda pour eux deux hospices, l'un sur les Alpes Grées, qui devint le *Petit-Saint-Bernard*, l'autre sur les Alpes Pennines, qui prit le nom de *Grand-Saint-Bernard*.

Ce prêtre dévoué, que l'Église compte au nombre de ses saints, rendu populaire dans toute l'Helvétie par ses travaux apostoliques, s'associa, dans cette héroïque entreprise, des religieux zélés qui, sous le nom de chanoines de Saint-Augustin, devaient se fixer sur ces monts redoutables et s'y consacrer exclusivement à secourir les voyageurs, non-seulement en leur donnant l'hospitalité, mais encore en allant, au péril de leur propre vie, les disputer au froid, aux ouragans, aux avalanches et aux précipices.

Depuis bientôt huit siècles, cette généreuse milice continue son œuvre de dévouement, se recrutant et se transmettant sa mission d'âge en âge, sans que le temps ait rien pu changer ni aux règles de ces sublimes solitaires, ni à l'élan de leur ardente charité.

Et pourtant, quelle existence triste et pénible il leur faut mener sur ces cimes arides où jamais leurs yeux ne se reposent sur une nature riante, où leur cœur saigne sans cesse au spectacle des souffrances et des douleurs de l'humanité, dans ces régions aériennes où n'arrive aucune des joies de la terre !

Tous ils sont nés dans les plaines charmantes du pays d'Aoste ou du Valais, où se sont écoulées leur enfance et leur jeunesse. Ils auraient pu vivre dans les doux climats de ces riantes contrées, et ils sont montés jusqu'au sommet de ces montagnes désolées pour s'y offrir en perpétuel holocauste, et, selon l'expression d'un écrivain moderne, se placer, un bâton à la main et un chien aux côtés, sur la route neigeuse des voyageurs comme des statues vivantes de dévouement.

Dans cette lutte continuelle contre la nature et les éléments, la santé la plus robuste se consume vite ; aussi voit-on rarement des cheveux blancs sur la tête des religieux du Grand-Saint-Bernard. Après cinq ou six ans passés dans ces régions glacées, où, dans le fort de l'été, le thermomètre monte rarement au-dessus de zéro, et où, dans la saison d'hiver, c'est-à-dire pendant neuf mois de l'année, ils se maintient entre vingt et trente degrés au-dessous, les plus fortes constitutions s'altèrent et une vieillesse prématurée force les religieux à quitter ces lieux, témoins de leurs sacrifices, pour aller dans des climats plus doux exercer les fonctions d'un ministère moins pénible. Aussi les voit-on parcourir en apôtres les plaines de la Suisse et de l'Italie, quêtant pour leur monastère et annonçant aux peuples la parole de Dieu.

A onze heures et demie, la cloche nous appela au réfectoire pour le déjeuner. Tous les convives étaient Anglais ou Américains, sauf deux Pères Dominicains français que la persécution avait chassés de leur monastère, et qui nous valurent l'honneur de voir assister le Révérend Père Abbé à notre repas.

Ce vénérable religieux, qui porte tous les insignes épiscopaux, habitait, grâce à sa constitution exceptionnelle, depuis près de vingt ans, l'hospice que les autres sont obligés de quitter au bout de cinq ou six ans au plus, sous peine d'une mort certaine. Il nous intéressa vivement par ses admirables récits, auxquels nous étions plus attentifs qu'aux mets qui se succédaient sur la table. Il nous raconta, dans les plus minces détails, les travaux et les dangers quotidiens des bons Pères, de leurs serviteurs dévoués les *Frères marronniers* [1], et des chiens intelligents et intrépides, à la saison des frimas, qui dure en moyenne les deux tiers de l'année.

Tous les matins, à la pointe du jour, ces braves religieux, accompagnés des Frères, parcourent la montagne dans des directions différentes, portant suspendue à la ceinture une gourde pleine de bonne eau-de-vie ou d'excellent vin vieux.

Les chiens, leurs auxiliaires fidèles, les précèdent dans ces sentiers difficiles que leur sagacité seule sait reconnaître au milieu des brouillards et des tourbillons de neige. Le nez au vent, l'oreille dressée, ils promènent des regards inquiets sur cette blanche surface qui les environne. Ils vont, viennent, montent et descendent, cherchent dans la neige avec leur museau, et si un point noir paraît dans le lointain, si un cri plaintif traverse l'espace, aussitôt ils aboient, et, par leurs jappements joyeux, ils annoncent au voyageur en détresse une prochaine délivrance. Puis ils s'élancent vers l'inconnu qui arrive, lui présentent le panier de provisions qu'ils portent au cou, et retournent vers le Père et le Frère pour les con-

1. Domestiques attachés au service de l'hospice.

duire auprès du nouvel hôte que la Providence
eur envoie.

Quelquefois ils se trouvent auprès d'un malheureux dont le corps presque enseveli dans la
neige a succombé à la violence de la faim, du
froid et aux insurmontables atteintes de cet affreux sommeil qui précède la mort. Alors, ces
bonnes bêtes, de leurs larges pattes et de leur
queue balayant la neige qui recouvre le corps du
voyageur, réchauffent de leur langue et de leur
haleine sa figure et ses mains engourdies, cherchent à le soulever avec leur gueule et poussent
de longs et plaintifs hurlements pour appeler à
leur aide les religieux qui *font leur ronde* dans la
montagne. Le secours arrive bientôt. Une gor-
gée d'eau-de-vie ou d'un vin généreux ranime
peu à peu le moribond, que l'on enveloppe dans
une chaude couverture de laine et que l'on trans-
porte sur un brancard bien rembourré jusqu'à
l'hospice, où il ne tarde pas à revenir complète-
ment à la vie.

C'est ainsi que, chaque année, des centaines de
voyageurs doivent leur existence à l'incomparable charité et au dévouement infatigable des
chiens du Grand-Saint-Bernard. Les uns et les
autres accomplissent leur sublime mission au
continuel péril de leur vie. De modestes croix en
bois, fixées çà et là entre les fentes des rochers,

indiquent qu'en ces mêmes lieux un Père ou un Frère ont trouvé la mort, emportés par une avalanche ou engloutis dans un précipice de neige. Il se passe peu d'hivers sans que quelque chien ne succombe victime d'un accident ou martyr de ses glorieuses fatigues.

« Ah! c'est au Grand-Saint-Bernard, s'écrie
« un voyageur célèbre, que l'on prend en pitié
« la charité fastueuse de l'homme des villes qui
« croit avoir tout fait pour ses frères lorsqu'il a
« laissé tomber ostensiblement du bout de ses
« doigts, dans la bourse d'une belle quêteuse, la
« pièce d'or que lui payent une révérence et un
« sourire. Oh! s'il pouvait arriver, au milieu de
« ces nuits voluptueuses de notre hiver parisien,
« quand le bal fait bondir les femmes comme un
« tourbillon de diamants et de fleurs, que les lu-
« mières s'éteignissent, qu'un pan de mur s'é-
« croulât, que les yeux pussent percer l'espace et
« qu'on vît tout à coup, au milieu de la nuit, sur
« un étroit sentier, au bord d'un précipice, me-
« nacé par l'avalanche, enveloppé d'une tem-
« pête de neige, un de ces religieux qui vont
« répétant à grands cris : *Par ici, frères !* oh !
« certes, le plus fier de son aumône essuierait
« son front humide de honte et tomberait à ge-
« noux en disant : O mon Dieu ! »

IV

Nous aurions écouté longtemps encore les émouvants récits du P. Abbé, si lui-même, en se levant de table, n'avait donné le signal du départ. Il voulut bien nous accompagner dans la visite du monastère et des alentours, nous fit passer en revue la chapelle où Napoléon a fait ériger un monument à la mémoire du général Desaix, tué dans les plaines de Marengo ; la bibliothèque et le cabinet d'histoire naturelle, qui renferme une magnifique collection de minéraux recueillis sur la montagne et un grand nombre de médailles romaines, de statuettes et d'*ex voto* trouvés dans les ruines du temple de Jupiter.

Nous ne pouvions oublier dans notre visite ces fameux chiens dont la renommée est inséparable de celle de leurs maîtres. Leur race ne se trouve guère ailleurs que sur les plus hautes montagnes du Valais, dans les contrées des neiges et des glaces éternelles. Leur tête forte et carrée, qui ressemble à celle des dogues ; leurs membres gigantesques et vigoureux, couverts d'un poil rude et presque ras ; leur énorme poitrine, leurs

larges pattes, disposées de façon à s'enfoncer
difficilement dans la neige ; leurs oreilles cour-
tes et droites ; leur air fier et sauvage, tout chez
eux est en parfaite harmonie avec la noble mission qu'ils ont à remplir et l'aspect grandiose des
lieux qu'ils habitent. Mais rien n'est comparable
à leur étonnante sagacité, à leur intelligence,
qui se peint tout entière dans la vivacité de leur
regard et la dignité de leur attitude.

Ces fidèles serviteurs, qui, avec les *Frères marronniers*, sont les puissants et indispensables
auxiliaires des religieux, ne sont guère que sept ou
huit pour suffire à cette tâche immense et périlleuse qui leur est imposée chaque jour par la
Providence.

Nous terminâmes cette intéressante visite par
la *Grande Morgue*, située à une quarantaine de pas
de l'hospice. C'est une sorte de chapelle grossièrement construite en pierres grises et voûtée. Une
fenêtre perpétuellement ouverte laisse pénétrer
l'air pur de la montagne dans cet immense char-
nier où sont entassés, depuis des siècles, les ossements et les cadavres de tous les infortunés
que la mort a surpris au milieu de leur voyage.

« Qu'on se figure, » écrit Alexandre Dumas
dans une admirable page de ses *Impressions de
voyage en Suisse*, « qu'on se figure une grande

« salle basse et cintrée, de trente-cinq pieds car-
« rés, éclairée par une seule fenêtre, et dont le
« sol est couvert d'une couche de poussière d'un
« pied et demi.

« Poussière humaine !

« Cette poussière, qui semble, comme les flots
« épais de la mer Morte, rejeter à sa surface les
« objets les plus lourds, est couverte d'une mul-
« titude d'ossements.

« Ossements humains !

« Et sur ces ossements, debout, adossés au
« mur, groupés avec la bizarre intelligence du
« hasard, conservant chacun l'expression et l'at-
« titude dans laquelle la mort les a surpris, les
« uns à genoux, les autres les bras étendus,
« ceux-ci les poings fermés et la tête baissée,
« ceux-là le front et les mains élevés, vers le
« ciel, cent cinquante cadavres, noircis par la
« gelée, aux yeux vides, aux dents blanches, et,
« au milieu d'eux, une femme qui a cru sauver
« son enfant en lui donnant son sein, et qui sem-
« ble, au milieu de cette réunion lugubre, une
« statue de l'amour maternel. »

Voilà la Morgue du Grand-Saint-Bernard.

Le reste de la journée fut consacré à parcourir
les environs du monastère, à faire le tour du lac,
à l'extrémité duquel se dresse un gros rocher,

surmonté autrefois du temple dédié à Jupiter Pennin. Au milieu des ruines païennes s'élève aujourd'hui une humble croix de bois qui marque la limite entre la Suisse et l'Italie.

D'un côté, le Valais, avec ses précipices, ses torrents et ses rochers sauvages ; de l'autre, le Val d'Aoste, où la vue s'étend, à travers une gorge désolée, jusqu'au bourg de *Saint-Remi*, dernière étape des voyageurs qui se rendent des plaines d'Italie au col du Grand-Saint-Bernard.

Vers six heures du soir, le froid nous força de rentrer ; le thermomètre était descendu au-dessous de zéro, bien que l'on fût au 26 août, époque des plus fortes chaleurs.

Après le dîner, qui eut lieu à sept heures, et la veillée que nous passâmes auprès d'un bon feu à écouter les récits d'un religieux, nous allâmes prendre un repos dont nous avions grand besoin après les fatigues et les émotions de la journée.

Pauvres Parisiens, qui sommeillez péniblement à la lumière éclatante du gaz, au bruit de mille voitures qui roulent sur le pavé, à l'odeur des innombrables cuisines de Paris, que je vous plaignais dans mon bon lit du Grand-Saint-Bernard, où je m'endormais tranquille, à la douce lueur de la lune, au murmure du vent et des eaux, au milieu d'un air salubre et pur qu'aucune

exhalaison malsaine n'a vicié, à 2,000 pieds au-
dessus des nuages, à 8,000 pieds au-dessus de
votre bruyante cité !

Pendant que tout le monde dormait paisiblement au monastère, un jeune homme et une
jeune femme d'Italie, nouvellement mariés et
que nous avions remarqués la veille au dîner, à
leur profonde tristesse, se précipitaient dans les
eaux du lac, en se tenant étroitement embrassés.

Le lendemain matin, on trouva dans leur
chambre un billet conçu à peu près dans ces termes :

« Fatigués de la vie où nous n'entrevoyons que
des douleurs, nous sommes venus mourir, loin
des hommes, au Grand-Saint-Bernard ; notre repos sera plus profond dans les eaux de son lac
tranquille. »

Et nous, après avoir serré la main du bon Père
qui nous accompagnait, nous quittâmes ces monts
sublimes où, pendant ces délicieuses journées,
nous avions oublié le monde, et nous redescendîmes vers la terre.

UNE EXCURSION

DANS

LA GRANDE KABYLIE

————

I

Le mardi 1er septembre 1874, je m'embarquai à Marseille pour Alger, sur le plus élégant et le plus rapide des paquebots de la compagnie Valéry, *l'Immaculée-Conception*, appelé ainsi par Pie IX lui-même, dont il devait primitivement porter le nom. Une traversée est toujours fort monotone. Une fois qu'on a perdu de vue la terre de France et envoyé un dernier salut à Notre-Dame de la Garde, dont la statue vénérée s'efface dans la brume de l'horizon, c'est la mer immense qui, sous un ciel constamment pur, n'offre plus aux regards que ses espaces sans limites, et ne fait plus retentir aux oreilles que la grande voix de ses vagues et le sifflement des vents. Alors le lever et le coucher du soleil, les culbutes des nombreuses troupes de marsouins qui accompagnent le navire, une voile blanche qui se dessine dans le lointain, la lecture, la causerie, la musique sont les seules distractions des passagers qui ne sont pas en proie à ces affreuses tortures qu'on appelle *le mal de mer*.

C'est ainsi que, sous les auspices de Marie-Immaculée, dont l'image bénie dominait les flots, nous voguions vers les côtes d'Afrique où ma pensée et mon imagination m'avaient précédé depuis longtemps. Le mercredi, 2 septembre, vers dix heures du matin, nous découvrions, au sud-ouest, les îles Baléares dont les masses noires se confondaient avec le ciel et les flots, et vers deux heures de l'après-midi nous longions les hauteurs où se dressent la ville de Mahon, son port et les gracieux paysages qui l'entourent. Au nom de ces îles se rattachent les plus tristes souvenirs de la piraterie algérienne. Elles étaient le refuge ordinaire des infortunés captifs des Maures, lorsque, assez heureux pour tromper la vigilance de leurs gardiens, ils parvenaient, à la faveur d'une nuit sombre, à fuir les plages barbares.

tombeau de leur liberté, où leur vie et leur foi étaient continuellement menacées.

Lorsque nous eûmes dépassé les îles, la mer, qui jusqu'alors avait été calme comme un lac, devint agitée et houleuse. Les visages devinrent pâles et tristes, et bientôt après les conversations tombèrent et firent place aux plus déchirantes lamentations. Le mal de mer avait fait son apparition sur le navire qu'il parcourait en tous sens, faisant çà et là de nombreuses victimes. Que se passa-t-il jusqu'à notre arrivée à Alger, je ne le saurais dire; car je terminai la journée couché de tout mon long sur le pont où je faillis rendre l'âme, et passai la nuit sur ma couchette où me traîna, à grand'peine, vers le soir, un charitable confrère, mon compagnon de traversée, pour lequel la mer s'était montrée plus clémente.

Après une nuit affreuse où je me promis bien (promesse que j'avais déjà faite dans plusieurs circonstances analogues) de ne jamais plus remettre le pied sur un navire, on vint m'avertir que nous étions en vue d'Alger. A cette heureuse nouvelle, j'oubliai tout pour courir sur le pont où m'attendait un merveilleux panorama. Tous les voyageurs qui ont fait la traversée de Marseille à Alger s'accordent à dire que l'arrivée dans cette ville est, après l'arrivée à Constantinople, le plus beau spectacle qui se puisse voir.

— Gênes la superbe, échelonnant [ses riches palais de marbre comme les gradins d'un vaste amphithéâtre; Venise, bâtie au milieu des lagunes, avec ses canaux et les quatre-vingts îles qui l'entourent; Naples et son golfe splendide; Barcelone, la perle d'Espagne; Genève, Lucerne, Constance, coquettement assises sur les bords de leurs lacs célèbres, rien ne m'avait frappé comme l'aspect d'Alger éclairé par les premiers rayons du soleil levant.

Cet amas informe de maisons éclatantes, sans fenêtres, semblables à des tours carrées qui s'étagent par degrés sur les flancs du *Boudjaréah* comme un vaste escalier de marbre blanc, ces coupoles, ces minarets, ces nombreux palmiers qui se détachent entre l'azur du ciel et les flots bleus de la Méditerranée, rien ne rappelle plus ni la France ni l'Europe, si ce n'est la ville basse s'étendant le long de la mer avec ses docks gigantesques et son immense boulevard. Mes yeux ne pouvaient se rassasier de contempler ces merveilles si nouvelles pour celui qui n'a vu que l'Occident, et pendant que le paquebot s'acheminait majestueusement vers le port, je dévorais du regard cette terre africaine, sœur de l'Orient, marquée des souvenirs de la religion et de la patrie.

A l'est, c'était le faubourg *Bab-Azoun* (porte

d'Orient), l'Agha, le fort de l'Empereur, les coteaux féeriques de Mustapha parsemés de villas mauresques qui se perdent au milieu des orangers, des grenadiers et des massifs de verdure. A l'ouest, c'était le faubourg *Bab-el-Oued* (porte de la rivière), l'imposante mosquée de *Sidi Abd-Er-Rahman*, les cinq coupoles de Notre-Dame d'Afrique et la pointe Pescade qui semble faire le pendant du cap Matifou. A l'horizon, bien au delà de la ville, de la Kasbah et des plaines fertiles de la Mitidja, se dressaient les noirs sommets de l'Atlas et du Djurjura. Il y a au milieu de toutes ces magnificences quelque chose de sauvage et de barbare qui rappelle l'ancienne piraterie. On sent que ces terres ne sont pas chrétiennes.

En même temps que nous, arrivait à Alger un navire des Indes qui depuis Alexandrie portait le feu dans ses flancs d'où s'échappaient par intervalles des tourbillons de fumée et de flammes. A Malte, les Anglais n'avaient voulu lui porter secours qu'à des conditions si onéreuses qu'il avait dû, au risque de sombrer en pleine mer, se diriger vers des contrées plus généreuses et plus hospitalières.

Mais nous voilà arrivés, notre paquebot a jeté l'ancre à quelque distance du quai d'où s'élancent une foule de petites barques turques et arabes qui se disputent nos personnes et nos bagages.

L'une d'elles portait M. l'abbé Brunet, vicaire de la cathédrale, bien connu du clergé bordelais dont quelques mois de séjour à Bordeaux ont suffi pour lui attirer l'estime et la sympathie. Cet excellent confrère qui, sans me connaître, avait bien voulu se mettre à ma disposition pendant tout le temps de mon séjour à Alger, venait me souhaiter la bienvenue et me montrer un visage ami sur cette terre lointaine et barbare où j'abordais seul pour la première fois. Nous nous embrassâmes comme de vieilles connaissances, puis nous gagnâmes la ville sur le *schekaf* (barque mauresque) qui l'avait amené.

Rien ne saurait dépeindre l'étonnement de l'étranger qui pénètre dans ces rues où se mêlent et se croisent tous les types et tous les costumes de l'Occident et de l'Orient. Maures, Turcs, Kabyles, Arabes, Biskris, Nègres, Espagnols, Italiens, Maltais et Français, c'est une véritable tour de Babel où toutes les races et toutes les langues se confondent. De temps à autre une femme mauresque, le visage voilé, glisse le long des murs comme un fantôme. Mosquées, théâtres, omnibus, chameaux, mulets, chevaux, soldats français, spahis, crieurs parisiens annonçant le *Figaro* et le *Siècle*; marabouts chantant à tue-tête les versets du *Coran* en s'accompagnant avec le tam-tam, cloches des églises qui appellent les fidèles aux offices, muezzins qui, du haut des minarets, invitent les croyants à la prière, etc. ; c'est un tapage, une cohue, une animation, une bigarrure dont aucune autre capitale ne pourrait donner une idée.

C'est la civilisation coudoyant la barbarie.

Tel est le spectacle qu'offre, à Alger, la ville européenne, la ville basse ; dans la ville haute, qui est le vrai Alger, c'est l'Orient tout pur avec ses cafés Maures, ses boutiques, ses ruelles étroites où les maisons se touchent, ses fontaines où trois fois le jour les musulmans se lavent et se purifient, ses vieillards à longue barbe fumant le narguilé ou le chiboukh sur le seuil des portes.

C'est au milieu de toutes ces choses si nouvelles pour un Européen que, guidé par l'aimable abbé Brunet, je m'acheminais tout émerveillé vers le presbytère de la cathédrale où je reçus la plus généreuse et la plus cordiale hospitalité.

Je ferai grâce aux lecteurs du récit de mes excursions dans la ville et les environs, à Blidah, à Bouffarick, au ruisseau des Singes, à Koléah la Sainte, aux gorges de la Chiffa, au mont Atlas ; je ne parlerai qu'accidentellement de tout cela pour ne pas être trop long, et pour arriver plus vite à Notre-Dame d'Afrique, à la Trappe de Staouëly, à Constantine et à Hippone. En dépit de l'ordre chronologique et au risque de n'être pas lu jusqu'au bout de mes récits, je commencerai par le plus intéressant de tous, par mon excursion dans les montagnes de la Grande Kabylie, excursion qu'il est donné à fort peu d'amateurs de faire, même à prix d'argent, à cause des innombrables dangers et des difficultés presque insurmontables qu'elle présente. Quel est le voyageur, en effet, quelque intrépide qu'il soit, qui oserait s'aventurer seul ou à la merci de guides arabes dans ces contrées sauvages que nul Européen n'habite, repaire des lions, des panthères, des chats-tigres et des hyènes, au milieu de ces tribus insoumises, toujours prêtes à reprendre les armes et à s'élancer contre nous? Grâce à des circonstances toutes particulières, il m'a été permis de visiter ces régions inexplorées, ces peuplades primitives contre lesquelles échouent tous les efforts de l'Europe, et qui, au milieu de leurs forêts, sur les sommets de leurs coteaux et derrière l'immense forteresse de leurs montagnes, vivent séparées du reste du monde avec des mœurs et des usages que les siècles et notre voisinage n'ont pu altérer ni modifier.

« Quel dommage, s'écrie un voyageur célèbre, « M. X. Marmier, qui n'a pu pénétrer en Kabylie, « quel dommage pour les artistes et les touristes « que ces fières tribus du désert et des montagnes

« se montrent à notre égard si peu sociables et
« paraissent si peu désireuses de nous admettre
« dans leur intimité ! La race Kabyle est du petit
« nombre de choses distinctes qui existent encore
« dans le siècle. L'Europe ne les a pas encore
« badigeonnés de son vernis, et depuis douze
« ans qu'ils nous voient de fort près, ces braves
« gens n'ont pas l'air de se douter de la grâce
« exquise de nos pantalons collants et des agré-
« ments du roman-feuilleton. »

Puisque ces tribus sont si peu connues et si
peu accessibles, je serais trop égoïste si je gardais
pour moi tout seul les impressions que m'ont fait
éprouver pendant plusieurs jours et la vue de
leurs villages et leur étonnante et curieuse hospitalité.

II

Après une douzaine de jours consacrés à visiter
Alger et ses environs, sous l'aimable et intelligente conduite de l'abbé Brunet et de l'abbé
Tournier, vicaires de la cathédrale, qui étaient
devenus pour moi de véritables amis, je dus songer à poursuivre ma route et à me diriger vers la

province de Constantine, la plus intéressante, sans contredit, au point de vue de la topographie et des souvenirs. J'étais depuis plusieurs jours atteint d'une méchante fièvre que j'avais prise dans les plaines brûlantes de la Mitidja, et je partais seul pour un voyage long et pénible, à travers des contrées et des peuplades inconnues. Il me fallait, d'après mon plan, traverser d'un bout à l'autre la grande et la petite Kabylie, si toutefois la chose était possible. En quittant Alger, où j'avais reçu une si cordiale hospitalité, il me semblait que je m'arrachais de nouveau à mon pays et à ma famille ; aussi ne fut-ce pas sans émotion et sans tristesse que j'envoyai un dernier adieu à mes excellents confrères de la cathédrale, du sommet de la diligence qui m'emportait vers les contrées kabyles. Cette diligence n'avait de français que la forme ; tous les voyageurs étaient des Arabes qui se rendaient au fameux *Souk-ed-Djemâ* (marché) des Isser ; le conducteur était espagnol et le postillon maltais.

Partis d'Alger à trois heures du soir, nous arrivâmes avec le siroco et la nuit au col des *Beni-Aïcha*, passage le plus fréquenté entre la plaine de la Mitidja et la Kabylie dont nous voyions dans le lointain se dresser les crêtes sauvages. Il était une heure du matin lorsque nous fîmes notre entrée dans le célèbre village de Palestro que

dominent les montagnes rougeâtres et dénudées
de Beni-Khalfoun et du Bou-Zegza. Nous étions
en Kabylie, et, s'il avait fait jour, nous aurions
pu voir çà et là, sur les collines, les premiers
hameaux kabyles se dessiner à travers les
figuiers, les aloès et les innombrables cactus qui
leur servent de murs d'enceinte. En entrant dans
la colonie, la voiture s'engagea dans une longue
allée d'eucalyptus. Le digne curé de Palestro,
prévenu de mon arrivée, m'y attendait, et tandis
que les Arabes, mes compagnons de route, s'é-
tendaient sur la terre nue pour y passer le reste
de la nuit, enveloppés dans leurs burnous, je
me dirigeai vers le modeste presbytère où je
trouvai un bon lit, mais non le sommeil, car le
siroco embrasait l'atmophère et rendait tout
repos impossible.

Le lendemain dimanche, je chantai la messe et
les vêpres, prêchai, fis le catéchisme et distribuai
des médailles et des imges aux enfants. Le lundi,
nous allâmes passer l journée sur le versant du
Beni-Khalfoun, dar la tribu des *Azama*, où
l'excellent curé s'e bâti un *gourbi* à la mode
kabyle, au milieu d'n bois d'oliviers séculaires et
de jujubiers sauvges. C'est sa maison de campagne ; c'est là qu'il vient se soustraire, pendant
les intolérables haleurs de l'été, aux fièvres
malignes qui règnent dans la plaine.

A notre arrivée dans la tribu, tous les indigènes étaient sur pied. Les hommes nous portèrent des poules, des perdrix, des œufs et du miel, et les enfants grimpèrent sur les figuiers, les grenadiers et les ceps de vigne, qui dans le pays sont de véritables arbres, pour nous procurer des fruits qu'ils nous présentaient à pleins paniers. Je visitai, dans la matinée, les divers villages de la tribu, accompagné par tous les enfants du voisinage qui m'annonçaient partout en battant des mains et en poussant des cris : *Marabout Roumi ! Marabout Roumi !* (prêtre chrétien). Ma visite terminée, ils me reconduisirent à la cabane où mon hôte m'attendait pour déjeuner, puis ils allèrent se cacher derrière les arbres et les haies d'où ils nous observèrent tout le reste de la journée.

Pendant les heures brûlantes de l'après-midi que nous passâmes assis à l'ombre d'un immense caroubier qui couvrait toute la cabane, le bon curé me raconta les affreux détails des massacres qui eurent lieu à Palestro en 1871.

Pendant que l'élite de nos troupes d'Afrique se battait contre les Prussiens et laissait notre colonie presque sans défense, les Kabyles, toujours prêts à saisir une occasion de secouer le joug, tenaient de fréquents conseils dans leurs *djemâ* et complotaient le massacre de tous les Européens installés dans le pays. Les marabouts et les chefs parcouraient les tribus en soufflant partout la révolte, et de nombreuses lampes brûlaient dans les *koubba* et les mosquées pour attirer les regards de Mahomet et des saints sur cette audacieuse entreprise.

Une nuit, les montagnes s'illuminèrent soudain d'innombrables feux. Chaque village avait le sien. C'était le signal convenu pour fondre sur la plaine. Le soir, vers neuf heures, on frappa violemment à la porte du presbytère de Palestro. Un Arabe entra et dit au curé :

« Un grand danger te menace toi et tes com-« patriotes, cette nuit même..... Fuis, Marabout, « nous ne voudrions pas te faire du mal, car tu « es le ministre de Dieu. Fuis dans la plaine, du « côté opposé aux montagnes.

« C'est bien, dit le prêtre, merci ; tu peux te « retirer, je sais ce que j'ai à faire. »

Le Kabyle se retira.

Quelques instants après, le curé allait de maison en maison avertir les colons, qui étaient en tout une centaine. On s'arma de fusils, de pioches, de râteaux, et de tout ce qui tomba sous la main ; puis on se réfugia dans l'église et dans le presbytère pour y attendre les événements.

Vers le matin, des milliers de Berbères, descendus des montagnes, fondent, comme une avalanche, sur la petite colonie. Ils mirent le feu aux maisons et aux récoltes, et cernèrent l'église et le presbytère, où les colons se défendirent courageusement. Mais bientôt après, à bout de vivres et de munitions, et se croyant éloignés de tout secours, ils durent se rendre.

Cinquante furent massacrés avec les circonstances les plus odieuses. Le premier de tous, le curé, fut coupé en morceaux. Les cinquante autres colons, plus heureux, furent faits prisonniers et emmenés dans les montagnes.

Ils passèrent la nuit suivante dans un *gourbi* abandonné, situé à cent pas à peine du lieu où le nouveau curé de Palestro me racontait ces horribles détails. Ce gourbi était enclavé dans sa petite propriété, et nous nous trouvions nous-mêmes au milieu d'une de ces tribus qui avaient exercé sur nos compatriotes de si atroces cruautés.

Le lendemain, on apprit que les insurgés avaient été battus par nos troupes dans les plaines de la Mitidja. A cette nouvelle, les prisonniers de Palestro furent mis en liberté par les chefs kabyles, qui espéraient exploiter leur clémence au jour des représailles. Quand les soldats français arrivèrent à Palestro, la colonie n'existait plus ; mais plusieurs villages kabyles furent détruits, les principaux révoltés furent décapités ou fusillés, d'autres allaient peupler nos forteresses et nos bagnes de France, et un grand nombre de familles furent exilées dans le désert, avec défense, sous peine de mort, de franchir les limites assignées.

Depuis ce temps-là, Palestro a été rebâtie ; une nouvelle colonie s'y est formée sous la protection d'un fort situé sur le point culminant du plateau. Sur la place, entre l'église et le presbytère, on a érigé un monument aux victimes de l'insurrection.

Après deux ou trois jours passés à Palestro, où l'excellent curé voulait me retenir en me proposant une foule d'excursions intéressantes, je continuai à m'enfoncer dans la Kabylie et me dirigeai vers Dra-el-Mizan, où j'étais attendu par l'excellent capitaine Marinier, de Blaye, et par l'abbé Cahuzac, curé de la colonie, auxquels j'étais annoncé depuis longtemps.

Dra-el-Mizan (en français, *Plateau de la balance*) est un poste situé dans la vallée de de l'Oued-Tamdir'at, pour observer les Kabyles et assurer notre conquête. Grâce à l'activité et à l'intelligente direction du capitaine du génie Marinier, que j'appellerai, sans crainte d'être contredit, la Providence de la Colonie, de nombreuses routes ont été percées, plusieurs hameaux ont été créés, et une charmante église romane, qui rendrait jaloux bien des curés, même de la Gironde, s'élève gracieusement sur le tertre qui domine le village.

J'étais rendu au bout du monde civilisé. Après Dra-el-Mizan, dernier poste français, s'étend une large vallée déserte où se montrent çà et là quelques gourbis arabes. Au delà de cette vallée, ce sont les montagnes de la Grande-Kabylie, avec leurs précipices, leurs gorges profondes, leurs singes, leurs lions et leurs panthères; montagnes que n'ont jamais foulées les pieds européens et au sein desquelles vivent, comme si elles étaient seules au monde, ces fières tribus que nous pourrons maîtriser peut-être, mais jamais asservir.

C'est au milieu de ces montagnes et de ces tribus inexplorées que je me propose d'introduire prochainement avec moi le lecteur, sans qu'il ait rien à craindre, ni du yatagan, ni des bêtes féroces, ni des précipices.

III

J'avais vu de la Kabylie ce que tout le monde peut visiter sous la protection des forts, c'est-à-dire la partie habitée par les Européens. Pour pénétrer plus avant dans le pays occupé uniquement par les indigènes, il faut être missionnaire, armé de la Croix et de l'Évangile, comme les

Pères blancs que nous rencontrerons plus tard sur notre route, dans la tribu des *Ouadhias*, ou *Touaregs*, munis d'un yatagan, d'une force herculéenne et d'une agilité égale à celle des panthères et des singes; ou bien encore personnage officiel, voyageant au nom du Gouvernement et escorté d'une bonne suite. L'excellent capitaine Marinier profita de ma visite pour organiser, avec l'autorisation de ses chefs, une vaste tournée dans les circonscriptions de Dra-el-Mizan, Tizi-Ouzou et Fort-National, qui occupent, entre l'Ysser et l'Oued-Sahel, les hauteurs du Djurjura.

Le 21 septembre, dès la pointe du jour, notre petite caravane quittait le fort de Dra-el-Mizan. Elle se composait du capitaine du génie, du curé de la colonie, de l'interprète du génie, Mohamed-Ali, de deux *mokrasni* (gendarmes maures), d'un guide, de plusieurs conducteurs de mulets et d'un conducteur du train. Nous étions en tout une quinzaine de personnes, qui à cheval, qui à mulet, qui à pied, trois Français et douze Arabes cheminant gaiement dans la vallée du Tamdir'at.

Le capitaine et le curé, montés sur de superbes chevaux arabes, ouvraient la marche, tantôt au trot, tantôt au galop, rarement au pas. Quant à moi, je la fermais à des distances quelquefois prodigieuses, monté que j'étais sur un grand mulet qui, malgré tout ce que je pouvais dire et faire, s'arrêtait infailliblement à tous les arbustes, à toutes les plantes, à tous les cours d'eau que nous rencontrions, et qui parfois, à mon grand désespoir, prenait de son propre chef une direction tout opposée à la direction générale, lorsqu'il avisait dans le lointain un jujubier sauvage, un palmier-nain ou un figuier de Barbarie. Alors je poussais des cris de détresse et aussitôt un cavalier se détachait de la caravane et venait au galop me prêter main-forte et me remettre dans le bon chemin.

Après avoir traversé le village d'Aïn-Zaouïa, créé récemment pour quatre-vingts familles sur deux mille hectares, nous arrivâmes à Bordj-Boghni, situé à deux cent quarante mètres d'altitude, sur l'Oued-Ksob, au bas du Tamgout qui dresse, à une hauteur de sept mille pieds, sa tête couronnée d'une éternelle verdure. Le fort de Boghni, bâti par les Turcs pour observer la tribu des *Beni-Ismaïl* et tout le pays des *Guechtoula*, a été l'objet de fréquentes attaques et le témoin de nombreux massacres sous la domination de la Turquie, qui y avait établi une garnison permanente.

Sur les flancs de la montagne, au milieu d'un bois sacré, on aperçoit *la koubba*, tombeau du fameux Sidi-Abd-er-Rahman-bou-Kobrin, dont j'avais déjà visité un autre tombeau au Hamma, dans les environs d'Alger. Lorsque Sidi-Abd-er-Rahman fut mort dans la Kabylie, où il s'était fixé sur la fin de sa vie, il fut inhumé dans la montagne des Guechtoula. Ses compatriotes d'Alger envoyèrent réclamer son corps aux Beni-Ismaïl, qui refusèrent de le livrer. Les Algériens, ayant découvert le lieu de la sépulture, réussirent à enlever les restes du grand homme, qui furent une seconde fois inhumés au Hamma, dans sa terre natale. Mais, ô prodige! quand cette nouvelle inhumation fut faite, on visita la première tombe et l'on y trouva le corps du saint intact, et au lieu même où on l'avait placé. L'illustre marabout s'était dédoublé, ce qui lui valut le surnom de *Bou-Kobrin*, l'homme aux deux tombes.

Il était neuf heures du matin lorsque nous entrâmes dans la tribu des *Amchras*, véritable oasis au milieu de cette plaine aride et sablonneuse que nous traversions depuis plusieurs heures sous les rayons embrasés d'un soleil de feu. Au sortir de la vallée, nous nous engageâmes dans un sentier dont les jujubiers, les pistachiers, les grenadiers, les myrtes, les cactus et les aloès formaient la bordure.

Des deux côtés nous longions des bois d'orangers, de citronniers et de figuiers; devant nous s'étalait le gracieux village d'Aïn-Sultan, dont les toits se perdent au milieu des palmiers, et dont les pieds se baignent dans les eaux limpides et bruyantes d'une charmante rivière toute bordée de lauriers-roses. Pour mieux nous voir venir de loin, la population du village s'était transportée sur les toits des maisons. Plus nous avancions, plus les toits se dégarnissaient et plus les chemins se remplissaient d'indigènes venant à notre rencontre, au point qu'avant d'atteindre la rivière, nos montures avaient de la peine à s'ouvrir un passage au milieu de cette foule compacte d'hommes et d'enfants qui nous faisaient escorte à gauche, à droite, par devant et par derrière. La plupart de ces pauvres gens n'avaient jamais vu d'Européens, et encore moins des officiers et des marabouts français. Des Peaux-Rouges, des Iroquois et des Hottentots ne recevraient pas chez nous pareille ovation. Plus d'un souverain même en aurait été jaloux.

Nous pûmes enfin, avec des précautions inouïes, arriver jusqu'au bord de l'Oued sans écraser personne. Il n'était pas une seule des innombrables pierres qui hérissent le lit de la rivière qui ne fût surmontée d'un Kabyle ouvrant de grands yeux pour nous contempler. Les femmes, plus discrètes par force, mais non moins curieuses par nature, nous regardaient du haut des toits où elles étaient restées, du sommet des arbres, ou du seuil des portes de leurs gourbis.

Comme nous avions fait près de quarante kilomètres sans débrider, nous jugeâmes à propos de faire à cet endroit une halte dont nos bêtes essoufflées avaient encore plus grand besoin que nous. En conséquence, nous mîmes pied à terre et allâmes bravement nous asseoir chacun sur un rocher, au beau milieu de la rivière. Durant cette halte pittoresque que je n'oublierai jamais, les enfants de la tribu venaient nous regarder sous le nez, toucher nos vêtements, nos mains et même notre barbe. D'autres nous apportaient dans des corbeilles des jujubes, des figues et des raisins ; quelques-uns nous présentaient, dans des tasses grossières de bois, de l'eau de la fontaine qui jaillissait près de nous du sein d'un rocher. L'excellente qualité de cette eau, la meilleure de toute la Kabylie, peut-être même de l'Afrique, a valu à la source qui la procure le nom de *Aïn-Sultane*, fontaine royale.

Pendant ce temps, quatre musiciens, sans doute les plus habiles du pays, perchés sur le roc le plus élevé, nous régalaient d'une sérénade dont deux tam-tam et deux *tadjouaka* (sorte de clarinettes), faisaient tous les frais. Il est bon de prévenir le lecteur que notre visite avait été signalée d'avance. Un spahis était parti la veille de Dra-el-Mizan pour annoncer notre passage à toutes les tribus que nous devions traverser et pour avertir les *kaïds* (chefs) de nous préparer une honorable et confortable hospitalité.

Nous devions, ce jour-là, aller déjeuner chez l'*amin* (maire) d'Iril-Imoula, dans la tribu de Cheursa, distante de deux bonnes heures de celle des Amchras. Nous nous remîmes donc en route pour cette destination. Les gens d'Aïn-Sultan nous accompagnèrent, pendant plus d'une heure, jusqu'aux extrêmes limites de leur tribu. Nous dûmes, pour gagner notre déjeuner, gravir une montagne presque à pic, sans sentiers, à travers des cactus et des aloès qui nous déchiraient la figure, des palmiers-nains qui embarrassaient les jambes de nos bêtes et des jujubiers sauvages dont les épines s'enfonçaient hardiment dans nos jambes. Le village où nous nous rendions était perché, comme un vrai nid d'aigle, au sommet de la montagne. Il était midi quand nous y arrivâmes, épuisés de fatigue, ruisselants de sueur et mourants de faim.

IV

Le village d'*Iril-Imoula*, où nous arrivions, était, comme presque tous les villages de Kabylie, pittoresquement situé sur le piton d'une montagne. Ses maisons, d'une blancheur éblouissante, se détachaient gracieusement sur un fond de verdure, avec leurs toits recouverts de tuiles rouges ou d'écorce de chênes liéges. D'innombrables cactus, mêlés d'aloès et de lentisques, formaient tout autour un impénétrable mur d'enceinte. De nombreux oliviers, des figuiers et d'énormes caroubiers le garantissaient par leur ombre des ardeurs dévorantes du soleil.

Comme à Aïn-Sultana, la population tout entière s'était transportée sur les toits pour nous mieux voir arriver. A un quart d'heure du village, l'*Amin*, accompagné des notables de l'endroit, vint à notre rencontre, et, après nous avoir profondément salués et souhaité la bienvenue, il nous conduisit lui-même jusqu'à son *gourbi*, à travers les rues tortueuses et entre deux haies de curieux qu'un spahi faisait ranger à grands coups de *matrak* (gros bâton), à mesure que nous avancions. Ces mauvais traitements dont nous étions la cause bien innocente n'enlevaient rien à l'enthousiasme de ces braves gens, ni aux nombreuses marques de respect et d'amitié qu'ils nous distribuaient à l'envi sur notre passage. Les plus hardis parvenaient même, sous une grêle de coups, à nous toucher les mains avec les leurs qu'ils baisaient ensuite en signe de vénération. Lorsque, après avoir escaladé des rochers abrupts, où nous faillîmes nous casser le cou, nous fûmes arrivés devant la porte de l'Amin, celui-ci nous aida à mettre pied à terre ; puis, nous ayant baisé le front et les mains, il nous introduisit par une porte basse et étroite dans un misérable réduit où nous fûmes accueillis par les bêlements des moutons, les hennissements des chevaux, le gloussement des poules, les aboiements des chiens et les miaulements des chats. Toutes ces pauvres bêtes, étonnées de voir pénétrer sous leur toit de pareils visiteurs, nous saluaient à leur manière. En notre honneur le sol du gourbi était couvert de nattes, de tapis et de coussins sur lesquels nous nous étendîmes, entourés de l'Amin et de ses gens assis sur leurs talons et fumant leur chibouck. Un serviteur, muni d'un vaste chapeau mesurant la circonférence d'un de nos parapluies, vint nous éventer, tandis qu'un autre nous apportait de l'eau parfumée pour nous rafraîchir la figure et les mains.

C'est ainsi que nous attendîmes le repas que les femmes préparaient à grands frais dans la cour. Il nous était impossible de tenir conversation avec nos hôtes, qui nous examinaient de la tête aux pieds ; nous nous contentâmes de remercier l'Amin par l'entremise de notre interprète.

En attendant la *diffa* (dîner), le lecteur ne sera

pas fâché de faire connaissance avec l'intérieur d'une maison kabyle et les hôtes qui l'habitent. Les Arabes des provinces d'Alger et d'Oran habitent de misérables cabanes en roseaux, que le moindre souffle du *simoun* détruit et disperse dans les airs. Ceux de la province de Constantine logent sous des tentes en peau de chameau, qu'ils transportent d'un lieu à un autre selon leur bon plaisir ou leurs besoins domestiques. Les Kabyles, qui sont les vrais Berbères, sont les seuls habitants de l'Algérie qui aient des maisons proprement dites, et qui s'attachent au sol qui les a vus naître.

Je ne saurais mieux faire que de laisser ici la parole au bon Père Charmetant, supérieur de la mission des *Ouadhias*, où nous arriverons bientôt.

« Chaque maison kabyle, écrit le Père Char« metant, est un misérable réduit dont on vou« drait à peine en Europe pour une étable à bes« tiaux. Les plus vastes mesurent rarement plus « de trois mètres de large sur quatre de long; et « ce faible espace est encore disposé de façon à « abriter à la fois hommes, femmes, enfants, « bêtes de somme, poules, chèvres, moutons, etc., « car ici bêtes et gens vivent pêle-mêle sous le « même toit. Ces demeures n'ont point d'étage. « Un homme debout n'a pas de peine à atteindre « avec la main les branches d'arbre qui servent

« à former la toiture. Une porte à deux battants
« grossièrement travaillée, mal jointe et fort
« basse, donne sur une cour étroite et couverte
« d'immondices ; c'est la seule ouverture prati-
« quée dans ces sortes de demeures. Le jour doit
« pénétrer par cette porte, et c'est encore par là
« que doit sortir la fumée.

« Le foyer, où l'on a soin d'entretenir cons-
« tamment des tisons allumés, est un trou prati-
« qué dans le sol, à peu près au milieu de l'habi-
« tation. C'est là qu'on fait cuire les aliments.
« Au-dessus de ce foyer, sur des claies en roseaux
« suspendues à la toiture, sèche la provision de
« glands, qui entrent pour une très-large part
« dans l'alimentation des Kabyles. Les autres
« provisions de l'année, orge, figues, huile, sont
« renfermées dans d'énormes vases en terre
« cuite qui portent le nom de *koufis*. Derrière ces
« koufis est le petit réduit réservé aux bœufs,
« mulets, chèvres, poules, pigeons. Quant aux
« moutons, ils ont le privilége de coucher avec
« la famille, et même souvent de prendre part à
« ses repas. »

Après une demi-heure de repos, on vint nous
avertir que le dîner était prêt. Au dehors, dans la
cour, c'était un remue-ménage indescriptible ; au
dedans, rien n'annonçait l'approche d'un repas,
et je me demandais avec anxiété quand on son-

gerait à mettre le couvert, lorsque, sur un signe de l'Amin, la foule des curieux s'écarta et livra passage à un serviteur portant des deux mains un immense plat de *kouskoussou* surmonté de trois énormes poules bouillies ; un second serviteur portait un plat d'œufs durs ; un troisième, un gros quartier de mouton rôti ; un quatrième, du mouton en sauce ; un cinquième, du mouton en petites tranches ; un sixième, des galettes ; un septième, du miel blanc ; un huitième, des noix grillées ; un neuvième, des figues de Barbarie ; un dixième, d'énormes raisins ; un onzième, du lait ; un douzième, du *merga* (sorte de bouillon pour le kouskoussou) ; un treizième, des jujubes ; enfin un quatorzième serviteur fermait la marche de cette étrange procession gastronomique, en portant une grande cruche d'eau fraîche destinée à passer successivement par la bouche de tous les convives. Ces différents plats étaient déposés à terre par les serviteurs, qui se retiraient à mesure en nous faisant une profonde révérence.

Les mets, comme on le voit, ne manquaient pas, ni l'appétit non plus ; mais ce qui manquait c'étaient des assiettes, des verres, des fourchettes, des couteaux, des serviettes, et j'ajouterai des siéges, car force nous était, depuis l'arrivée des plats, de nous tenir accroupis sur nos talons, position fort gênante pour des Français. Je

compris que nos doigts allaient nous être d'un
indispensable secours, sauf pourtant pour le
kouskoussou, qui se mange avec de petites cuillers en bois.

Le kouskoussou est une sorte de bouillie de
farine cuite à la vapeur de l'eau dans laquelle on
fait bouillir les poules. C'est le plat obligé de
toute diffa arabe. Chaque convive creuse devant
lui dans le plat commun un petit trou dans lequel
il verse, pour délayer la farine, soit du *merga*, soit
du lait, soit du miel ou tout autre liquide de son
goût. Le chef prend les poules à pleines mains,
en détache violemment les membres, puis offre à
chacun une part que l'on se met en devoir de
déchirer à belles dents, en alternant avec une
cuillerée de kouskoussou. Quand on ne veut plus
de son morceau ainsi déchiqueté, on le fait passer
à son voisin, politesse que me faisait, à chaque
plat, l'Amin auprès duquel je me trouvais placé.
Lorsqu'on en est arrivé pour le kouskoussou au
point où toutes les cuillers se rencontrent et où
tous les mélanges se confondent en un dégoû-
tant amalgame de lait, de bouillon, de miel, etc.,
les plus délicats se tiennent pour satisfaits, et les
autres absorbent le reste jusqu'à la dernière
bouchée.

Après le kouskoussou et les poules, vient le
tour du quartier de mouton, dont chacun arrache

avec les doigts la quantité qu'il juge suffisante
pour sa consommation particulière. J'ai reconnu
dans cette circonstance qu'il y a parfois certains
avantages à se laisser pousser les ongles, surtout
en Kabylie. Puis viennent les sauces pimentées
où l'on plonge à qui mieux mieux les doigts
pour en retirer des morceaux de viande inaccessibles à des palais européens. Le reste du repas
était à l'avenant, j'en ferai grâce au lecteur. Un
touriste anglais aurait été aux anges à un dîner
pareil. J'avoue franchement que pour ma part je
ne l'aurais pas cédé pour beaucoup d'autres au
service desquels rien ne manquait.

Vers la fin du dîner, on servit le café et des
chiboucks. A ce moment entra dans notre appartement un Kabyle étranger qu'aux marques de
respect dont il était l'objet nous reconnûmes pour
un important personnage. C'était le fils du cheik
de la tribu, qui, jaloux de nous savoir descendus
chez l'Amin, voulait à tout prix nous donner lui
aussi l'hospitalité et nous offrir le kouskoussou.
Pour ne pas contrarier ce bon cheik, il fallut
nous remettre en route pour le village d'Aït-el-
hadj-Ali, lieu de sa résidence, où nous n'arrivâmes qu'au bout de deux heures par des sentiers
tellement difficiles que nous dûmes, pour ne pas
risquer notre vie et malgré l'habileté de nos
montures, faire la plus grande partie de la route

à pied par un soleil tropical qui versait sur nos têtes des torrents de feu.

Il nous fallut subir là aussi la même réception et une nouvelle diffa encore plus copieuse que la première. Il était quatre heures de l'après-midi quand nous quittâmes Aït-el-hadj-Ali pour nous rendre dans la tribu des *Ouadhias* où nous devions coucher chez les excellents missionnaires du Sahara et du Soudan, qui, sous le nom de *Pères blancs*, ont établi au village de Taourit-Abdallah le centre de leur mission de Kabylie.

V

Qu'on se représente un groupe informe de masures, sans cheminées ni fenêtres, couvertes en liége et séparées par des ruelles abruptes et tellement étroites qu'un cavalier a peine à y passer et doit baisser la tête pour ne pas se la heurter contre les poutres ; qu'on se figure tout autour de ce village, perché sur l'extrème sommet d'une montagne et dominant un précipice de 3,000 pieds de profondeur, une effrayante solitude qu'animent seuls par intervalle les chants monotones des pâtres, les aboiements rauques

des chacals et des chiens, les bêlements des
agneaux, les cris stridents des singes et les lointains rugissements des lions et des panthères, et
l'on aura une idée de l'*hadart* (village) kabyle.

Tel était le village de *Taourit-Abdallah*, dans
la tribu des *Ouadhias*, où nous arrivions le 21 septembre 1874, à sept heures du soir, après quinze
heures de course à travers d'affreux sentiers capables de décourager les mulets des Alpes, et les
chèvres des Pyrénées.

Bien que le pays fût on ne peut plus sauvage,
les habitants l'étaient moins que ceux que nous
avions rencontrés jusque-là sur notre route. Ce
n'était plus cet empressement importun et im-
poli avec lequel nous avions été accueillis à Aïn-
Sultan et à Iril-Imoula ; c'était une curiosité
mêlée de respect et pleine de convenance. Les
hommes nous envoyaient des saluts, les femmes
se hasardaient sur le seuil de leurs gourbis, à
l'encontre de toutes les lois musulmanes, et les
enfants couraient après nous pour nous baiser la
main, en criant à tue-tête : *Bonjour ! bonjour !* On
sentait que ces pauvres gens subissaient une
influence chrétienne et que des missionnaires
avaient passé par là. C'est là, en effet, que les
Pères blancs sont venus établir leur principale
station de Kabylie ; c'est là que, loin de tout
centre européen et de toute joie humaine, ils

vivent de la vie des indigènes, portant leur costume, se contentant de leur nourriture, se soumettant à leurs usages, parlant leur langue et ne conservant plus rien de leur patrie. Les consolations mêmes que goûtent parfois les missionnaires des Indes, de la Chine et du Japon, qui convertissent quelques âmes, ils ne doivent pas s'y attendre ; car ils ne sont tolérés par les Kabyles qu'à la condition de ne leur parler jamais de religion, pas même aux enfants qu'on leur confie. Tout leur ministère se borne à instruire les enfants et à soigner les malades. C'est par le spectacle d'une patience et d'un désintéressement à toute épreuve qu'ils espèrent agir sur l'esprit des musulmans et les amener insensiblement sinon à embrasser, du moins à estimer une religion qui inspire une si étonnante charité.

Pour se vouer à une pareille mission, il en coûte à la nature. Il faut habiter une misérable cabane ouverte au vent et à la pluie, coucher sur la natte, ne se nourrir que de kouskoussou à l'huile, de figues sèches, de glands, de chardons et de pastèques, braver les intempéries des saisons, les précipices et les bêtes féroces, pour secourir des malades et des moribonds au chevet desquels il ne faut pas prononcer le nom de Jésus ; instruire péniblement des enfants sans leur apprendre à prier, et, par-dessus tout, il faut refouler au dedans de soi ce besoin de prêcher l'Évangile, si impérieux pour le cœur d'un apôtre. Quelle plus éloquente prédication que cette constante abnégation de soi-même!

Courage! héroïques missionnaires; par vos soins, ces déserts refleuriront, et ces montagnes se revêtiront de verdure. Ce que vous semez aujourd'hui dans la tristesse, d'autres plus tard en recueilleront les fruits dans la joie. Vos sueurs et vos larmes féconderont cette belle terre d'Afrique et y feront germer de nouveau, avec la foi catholique, les vertus qui enfantent les docteurs, les vierges et les martyrs.

Le bon Père supérieur, prévenu de notre arrivée, était venu à notre rencontre. Il était nuit quand nous arrivâmes à la maison des missionnaires, située à un quart de lieue du village de Taourit-Abdallah. Il faut avoir pénétré dans ce pauvre réduit pour se faire une idée de ce que doivent y souffrir les prêtres dévoués qui ont tout quitté pour suivre Jésus-Christ.

J'emprunte ici au dernier numéro des *Annales de la Propagation de la Foi* la description que le Père Charmetant, supérieur de la mission des Ouadhias, y fait de cette même résidence où nous avons reçu une si cordiale hospitalité.

« Qu'on se représente une chaumière cons-
« truite en terre. L'intérieur est complétement

« dépourvu de mobilier : ni chaises, ni tables ne
« s'y trouvent ; d'un côté le foyer entre deux
« pierres de cheminée : c'est la cuisine ; à l'autre
« extrémité de l'appartement, des nattes éten-
« dues sur le sol nu : c'est le dortoir de la com-
« munauté ; au milieu, en face de la porte, un
« tableau formé de deux planches noircies d'un
« côté et rabotées de l'autre : c'est, selon le mo-
« ment, la classe ou le réfectoire. Cette table,
« relevée contre la muraille, nous sert, du côté
« noirci, de tableau à écrire pour les enfants ;
« rabattue sur des branches fichées en terre, elle
« fait fonction de bureau ou de table à manger.
« Le long des murs sont appendus des cartons
« de lecture pour la classe, quelques ustensiles,
« un rabot, une scie, un tableau du Sacré-Cœur.
« Voilà tout ce qui constitue le mobilier de l'ap-
« partement, qui sert de résidence, de cuisine,
« de dortoir, de classe, de réfectoire et, au be-
« soin, d'hôpital et de chapelle.

« La toiture est formée, comme pour les de-
« meures kabyles, de branches d'arbre et d'é-
« corces de chênes liéges, le tout recouvert
« d'une couche de terre glaise fortement battue
« et piétinée. Dans l'un des trois postes, aux
« *Ouadhias,* on avait pu trouver des tuiles kabyles.
« Leur usage a été excellent pendant l'été ; mais
« comme elles n'étaient pas suffisamment cuites,

« dès les premières pluies, la plupart se sont dé-
« sagrégées, en sorte qu'aujourd'hui la toiture
« déverse l'eau de toutes parts dans l'intérieur.
« Que de fois il nous est arrivé, après une
« journée de pluie, de ne pas trouver dans toute
« la maison un seul endroit pour nous coucher! »

Les bons Pères, pour nous faire honneur,
avaient préparé un repas à la française, dont une
soupe à l'huile, des œufs et des pommes de terre
composaient tout le menu, sans compter une
bouteille de vin blanc destinée à la messe, le seul
qu'ils aient en leur possession. Ce soir-là, au lieu
de s'asseoir sur les talons, de manger à terre
et avec les doigts, on prit place sur des bancs.
On fut servi sur une table, ou pour mieux dire
sur une planche appuyée sur des troncs d'arbres,
et l'on eut à sa disposition des cuillers, des fourchettes, des assiettes et des verres. Les indigènes
qui nous entouraient ouvraient de grands yeux à
la vue de tous ces préparatifs si étranges pour
eux; mais le plus étonné et surtout le plus em-
barrassé de tous, ce fut sans contredit le kaïd d'Aït-
el-hadj-Ali qui, par politesse, nous avait accompagnés depuis sa tribu, et que nous invitâmes à
dîner avec nous. Il regardait attentivement tous
ces ustensiles dont il ignorait l'usage, et il se
demandait avec anxiété comment il se sortirait
d'affaire au milieu de tout cet attirail dont sa

place était encombrée. Aussi ne fut-ce qu'après s'être assuré de l'usage que nous faisions de notre cuiller qu'il se décida lui-même à s'en servir pour manger sa soupe, et, comme avec cet instrument, que du reste il tenait fort mal, il mettait autant de bouillon sur ses habits que dans sa bouche, il prit le parti de plonger à pleines mains dans son assiette, et, finalement, ne pouvant saisir le bouillon, il en gratifia son voisin de droite en le versant consciencieusement dans son assiette jusqu'à la dernière goutte. Et ainsi de tous les autres plats. Le missionnaire, objet de toutes ces prévenances, avalait tout sans sourciller, comme un vrai Kabyle. Il n'en était pas à son coup d'essai. En somme, notre pauvre kaïd fit un triste souper, et, craignant sans doute que sa position ne se compliquât encore davantage vers la fin du repas, il jugea prudent de se retirer au moment où l'on apportait le dessert.

Comme nous étions harassés de fatigue, immédiatement après le repas, nous fîmes la prière en commun et nous songeâmes à nous aller coucher. En Kabylie, les lits sont vite préparés. Une natte étendue sur le sol, voilà la couche; un burnous dans lequel on s'enveloppe, voilà la couverture; si on éprouve le besoin d'un oreiller, on tâche de s'en faire un avec les bras. L'appartement où nous étions servait à la fois de cuisine, de classe, de dortoir, de réfectoire, d'infirmerie, voire même de chapelle. Les Pères, pour que nous fussions plus à l'aise, nous cédèrent leurs nattes, malgré nos vives réclamations, et allèrent se coucher en plein air, avec les Arabes de notre caravane. Comme j'étais à peine remis de la fièvre que j'avais prise dans les gorges de l'Atlas, et que je paraissais le plus fatigué de la bande, on me força d'accepter l'unique matelas qui se trouvait dans la maison, à l'usage des malades. Pour être plus tranquille, je transportai mes pénates dans une sorte de salle en construction qui faisait le pendant de celle où nous nous trouvions. Je m'y installai de mon mieux et commençais déjà à m'endormir et à errer dans le pays des songes, lorsque soudain de formidables ronflements partis d'auprès de moi me réveillèrent et me rappelèrent à la réalité. Un Arabe était venu tout simplement s'étendre à mes côtés pour s'y livrer aux douceurs du sommeil. Comme ce voisinage me souriait fort peu ; comme, d'un autre côté, les ronflements de cet importun compagnon de nuit prenaient des proportions vraiment effrayantes, je dus lui céder la place, et j'allai me promener dans la campagne, au risque, comme je l'ai appris le lendemain, d'être happé par un chat tigre, un lion ou une panthère, ou bien encore, ce qui n'était guère plus régalant, d'être mis en pièces par les chiens de la tribu.

La lune, du haut d'un ciel d'une incomparable pureté, planait mélancoliquement sur les montagnes, les ravins et les vallées. Les Arabes de notre escorte et les Pères, enveloppés dans leurs burnous blancs, dormaient paisiblement sur la terre nue, et nos bêtes, attachées à des figuiers, réparaient leurs forces sous la garde d'un Kabyle qui fumait son chibouck, et sous la protection d'un grand feu allumé pour éloigner les bêtes féroces qui infestent ces contrées sauvages.

VI

Le lendemain matin, à la pointe du jour, on se leva. Les Pères, mon confrère et moi nous célébrâmes la sainte messe dans cette partie de la salle commune qui sert de chapelle, et qui n'est séparée du reste de l'appartement que par un rideau de toile grossière.

Pauvres curés, qui vous plaignez de la petitesse et du délabrement de vos églises, vous vous estimeriez certainement heureux, si vous pouviez vous transporter dans ces misérables huttes en paille ou en planches mal jointes, où officient la plupart de nos confrères d'Afrique, et surtout dans la petite chapelle des missionnaires de Kabylie.

Des planches mal assorties, tapissées de papier en couleur, voilà l'autel que surmonte une humble croix de bois ; une image commune du Sacré-Cœur et douze petites gravures collées sur du carton, représentant les douze stations du Chemin de la Croix, voilà tout l'ornement. Pas de marchepieds à l'autel, pas de vestiaire, juste l'indispensable pour pouvoir dire la messe. Ce n'est pas seulement la pauvreté, c'est l'indigence. C'est là le lieu où réside jour et nuit, dans un grossier tabernacle de bois, au milieu du bruit de l'école, des préparatifs du ménage et des soins donnés aux malades, le divin Sauveur qui a voulu naître dans la pauvre étable de Bethléem. Il est véritablement l'hôte de la maison. L'enlever de là, ce serait enlever à ces bons prêtres leur unique source de force et de joie ; ce serait enlever à ces contrées mortes à la Foi, leur principal gage de résurrection et de vie.

Il m'a été donné, depuis ma consécration sacerdotale, de célébrer le saint sacrifice de la messe dans les plus célèbres et les plus vénérés sanctuaires de l'Europe, mais je ne me suis jamais senti aussi profondément ému que le jour

où, célébrant dans la pauvre chapelle des *Ouad-lias*, je faisais redescendre Jésus-Christ sur cette terre, d'où l'islamisme l'a chassé depuis près de quatorze siècles ; au sein de ces tribus barbares qui furent autrefois des chrétientés si florissantes.

Après la messe, nous nous assîmes devant un immense plat de kouskoussou à l'huile, de poules bouillies et d'œufs durs que le chef de la tribu avait envoyés en notre honneur ; puis nous songeâmes à continuer notre route et à nous enfoncer encore plus avant dans la Kabylie. Les Pères vinrent nous accompagner le plus loin qu'ils purent, et ce ne fut pas sans tristesse de part et d'autre que se firent les adieux. En les quittant, il nous semblait quitter de nouveau la France que leur langage, leurs manières et leur charité nous avaient fait retrouver au milieu de ces contrées sauvages. De leur côté, ils voyaient s'éloigner les seuls compatriotes qui se soient aventurés et s'aventureront probablement jamais chez eux. Ces lignes mêmes, messagères du meilleur de tous mes souvenirs, ne les sauraient trouver dans ces déserts inaccessibles que tant d'obstacles et de dangers séparent du reste du monde.

Nous arrivâmes vers une heure de l'après-midi au village *Aït-Bou-el-hadj*, dans la tribu des *Beni-Bou-Addou* (fils des singes), où le kaïd Bou-

Djema-Naït-Chérif, issu d'une famille royale, nous donna la plus gracieuse hospitalité. Je ne parlerai pas de la réception qui nous fut faite, ni du repas qui nous fut offert. Même cérémonial, mêmes plats, même service, même entourage, qu'à Iril-Imoula et à Aït-el-hadj-Ali. Les Kabyles n'ont qu'une manière de recevoir et de pratiquer l'hospitalité. Qui voit un village et une tribu, se fait une idée exacte de tous les autres villages et de toutes les autres tribus.

Le kaïd d'Aït-Bou-el-hadj était un excellent homme, mais n'entendait pas plaisanterie sur les règlements du *Kanoun* (Code kabyle). On va en juger. Pendant que l'on faisait les préparatifs du départ, sa femme et ses filles, profitant du désordre général, pour satisfaire une curiosité bien légitime, avaient quitté leur appartement et s'étaient avancées jusqu'au milieu de la cour pour nous examiner. Je m'approchai d'elles et nous échangeâmes des *salamaleck* (saluts) qui me permirent de les examiner moi-même à mon tour avec une égale curiosité. Elles avaient le front, les joues et le menton couverts de tatouages, leurs sourcils peints en noir se rejoignaient au moyen d'une ligne tracée avec de la noix de galle ; leurs ongles des pieds et des mains étaient teints en rouge avec du henné ; leurs bras et leurs pieds étaient emprisonnés dans des bracelets et des esclavages en fer, elles portarent autour du cou une large chaîne du même métal, à laquelle était suspendu un petit sachet de cuir renfermant un verset du Coran ; de nombreux anneaux en fer entrelacés tombaient de leurs oreilles jusque sur leurs épaules. C'était bien là la femme esclave.

J'en étais là de mes observations, lorsque le kaïd, ne les trouvant probablement pas de son goût, fondit sur nous avec un gros bâton dont il administra des coups, à tour de bras, à ces pauvres femmes, qui rentrèrent dans leurs taudis en poussant des cris lamentables.

Tu peux rendre grâces à Mahomet, me dit l'interprète, témoin de cette scène, car si le capitaine n'était pas là, c'est toi qui aurais les coups de bâton.

Sur ce, nous partîmes pour la tribu des *Beni-Mendès* où nous devions passer la nuit. Les sentiers impraticables dont j'ai déjà parlé étaient des routes carrossables en comparaison des chemins qui conduisent à *Aït-Hamida*, résidence du kaïd des Béni-Mendès. Nous arrivâmes à un endroit où le grand turc lui-même aurait perdu les étriers. Mes deux compagnons tinrent bon ; mais un Arabe, qui se trouvait derrière moi, tomba lourdement sur un rocher où il perdit connaissance. Ses confrères le saisirent par les pieds et la tête, le secouèrent comme un panier à salade, lui administrèrent des coups de poing dans le dos, et finalement le rappelèrent à la vie. Les moyens étaient violents, mais ils furent efficaces, car notre Arabe, remis en selle, continua sa route comme si rien ne s'était passé.

Quant à moi, j'étais dans une situation désespérée. Ma selle, ballottée par les efforts continuels de mon mulet, penchait tantôt à droite, tantôt à gauche, et quelquefois même elle se rejetait presque sur la queue, lorsque la pente était trop rapide. Me tenir cramponné à la crinière et dégager mes pieds des étriers, pour rendre ma chute moins dangereuse, étaient les seules mesures à prendre dans cette critique circonstance. Il me tardait, comme on le comprendra facilement, d'en finir avec cette position. Déjà nous apercevions, à cinq cents pieds à peine au-dessus de nos têtes, les toits du village d'Aït-Hamida couverts de Kabyles qui nous regardaient venir, lorsqu'un soubresaut de mon mulet me fit complétement perdre l'équilibre, et me précipita, la tête la première, dans un figuier de Barbarie. J'en fus quitte pour la peur et d'innombrables piqûres.

La nuit commençait à tomber quand nous arrivâmes au village d'Aït-Hamida, situé sur un des plateaux inférieurs du Djurjura. Ne voulant pas nous enfermer dans un gourbi, ni passer la nuit pêle-mêle avec les bêtes de toutes sortes qui y sont à demeure, nous dressâmes nos tentes au milieu d'un bois d'oliviers qui touchait le village. Le chef aussitôt fit apporter des nattes, des tapis et des coussins sur lesquels nous nous étendîmes, en plein air. Immédiatement après on nous servit la *diffa*. Rien de plus fantastique que tous ces serviteurs vêtus de blanc et défilant gravement, un plat à la main, à la lueur d'une douzaine de lampes fumeuses. Notre amphitryon nous avait ménagé une agréable surprise. Ayant su par son fils, qui habite Alger, que les Européens poussent le raffinement de la sensualité jusqu'à mêler de la glace avec leur boisson, il en avait envoyé chercher par ses serviteurs, sur le sommet du Djurjura, un énorme bloc qui se dressait fièrement sur l'herbe, tout près de nous. Seulement on avait compté sans le *simoun* qui soufflait depuis quelques instants d'une façon fort désagréable, et qui, malgré les vives inquiétudes du chef, semblait s'acharner à la destruction de ce bloc dont l'acquisition avait coûté deux jours d'incroyables fatigues et d'innombrables dangers.

Pendant le dîner, des enfants, grimpés sur les arbres, arrachaient des feuilles et coupaient des branches pour nous en faire des lits, sous nos tentes, dans lesquelles nous nous retirâmes pour tâcher de dormir. Les chacals et les chiens, attirés par l'odeur des restes de notre souper, nous donnaient une sérénade peu faite pour aider le sommeil. Mais ce qui nous importunait le plus, c'était le *simoun* qui d'instant en instant gagnait de violence. Sous son souffle embrasé, les bêtes affaissées se plaignaient, les arbres se tordaient et nos tentes subissaient d'épouvantables secousses. Il me semblait que la mienne, ainsi gonflée et soulevée, allait s'élancer dans les airs comme un ballon. Elle fit mieux, elle me tomba sur la tête. A mes cris étouffés, deux Arabes se précipitèrent à mon secours et redressèrent les piquets destinés à soutenir la toile sous laquelle j'étais enseveli.

Dormir était impossible, se promener était dangereux ; je songeai.

Que faire dans un gîte, à moins que l'on ne songe ?

La nuit en voyage a aussi ses charmes et sa poésie. Je ne sais rien en effet de plus charmant, ni de plus poétique que de s'endormir sur le sommet des montagnes, au bruit tumultueux des torrents ; sur les bords de la mer, au murmure et aux mugissements des vents et des flots ; sur les eaux silencieuses des beaux lacs de la Suisse et de l'Italie, bercé par les chants des bateliers et des pêcheurs ; ou bien encore au milieu des vastes solitudes où n'arrive aucune des clameurs du monde.

Pendant que je m'abandonnais ainsi au souvenir de toutes ces nuits délicieuses, chaque bouffée du *siroco* m'apportait les chansons plaintives d'un pâtre perdu dans les montagnes. Ces notes lentes et mélancoliques, qui traversaient l'espace et se mêlaient au souffle du vent, remplissaient mon âme d'une indicible tristesse. Je ne pus fermer l'œil jusqu'au jour. Ces deux nuits *blanches*, après deux journées d'incroyables fatigues, étaient, à tout prendre, peu restaurantes pour le corps. Je ne me sentais guère la force de pénétrer plus avant dans la Kabylie, et encore moins, malgré la proposition qui m'en était faite, de tenter l'ascension du Djurjura qui dressait devant nous sa crête ceinte d'une éternelle couronne de neiges et de glaces. Nous reprîmes donc la route de Dra-el-Mizan, qui était pour moi une vraie terre promise où le repos nous attendait.

Pour ne pas me répéter, je ne raconterai pas le reste de notre excursion. Après quelques jours passés à Dra-el-Mizan, dans la compagnie de l'excellent capitaine Marinier et de mon aimable confrère, l'abbé Cahuzac, dont la cordiale hospitalité laissera dans mon cœur le meilleur souvenir, ne me sentant pas le courage de franchir par terre les quatre-vingts lieues qui me séparaient de Constantine, je me dirigeai du côté de la mer, que j'atteignis à Dellys, après une nouvelle course de quatre-vingts kilomètres.

Une traversée de trente-six heures me conduisit, par Bougie, Djidjelly, Collo et Stora, à Philippeville. Quelques jours plus tard, après avoir visité Constantine, j'étais rendu à Hippone.

SOUVENIRS D'HIPPONE

I

Je ne connais pas de trajet plus agréable (quand
on n'a pas le mal de mer) ni plus intéressant que
le trajet de Dellys à Philippeville par la côte
orientale de l'Algérie. Les montagnes sauvages
de la Kabylie avec leurs forêts et leurs villages,
Bougie avec son immense coupole et ses palmiers,
Djidjelly et Collo avec leurs bancs de corail, Stora
avec ses ruines romaines, tel est le spectacle qui,
sous un ciel constamment pur, se détache des
flots azurés de la Méditerranée et se déroule successivement aux regards du voyageur jusqu'à
son entrée dans la rade de Philippeville.

Je laissai filer le paquebot à Bône et à Tunis,
sa dernière escale, et après avoir visité Philippeville (en arabe, *Ras-Skikda*), ville européenne,
contrastant étrangement avec les paysages afri-

cains qui l'entourent, je me dirigeai vers Constantine. J'étais en vacances, je pouvais bien me rendre à Hippone par le chemin des écoliers.

Il y a vingt ans, pour aller de Philippeville à Constantine, il fallait deux journées à dos de mulet ou de chameau par des sentiers dangereux et difficiles. Il y a dix ans à peine, on faisait ce trajet en un jour et une nuit, traîné par une mauvaise diligence, et maintenant on est transporté d'une ville à l'autre en cinq heures dix-sept minutes, mollement assis sur les coussins rembourrés d'un wagon de première ou de deuxième classe.

C'est par ce dernier mode de transport que je traversai toute la petite Kabylie, tristement dédommagé des fatigues et des dangers de ma récente excursion à travers les montagnes et les ravins de la grande Kabylie. Pour moi, la fumée et le sifflet d'une locomotive dépoétisent et gâtent les plus beaux paysages. Ces vastes solitudes de la Numidie avec leurs souvenirs lointains, leurs ruines ombragées d'un palmier solitaire, leurs rivières bordées de myrtes et de lauriers-roses, leurs forêts peuplées de lions, leurs pâtres chantant ou jouant du chalumeau sur le sommet des rochers, et leurs tentes de poils de chameaux qui abritent ces curieuses populations nomades, tout cela ne me disait rien. La noire fumée de la vapeur me voilait toute ces poésies, et les cris stridents du sifflet couvraient pour moi tous les autres bruits. J'éprouvai la même déception en traversant en chemin de fer, il y a quelques années, les plaines célèbres d'Albe et de Capoue, et en longeant jusqu'à Pompéia et Sorrente les bords enchantés de la mer Tyrrhénienne. C'est ce qu'éprouveront bientôt les pèlerins qui se rendront aux lieux saints par la ligne projetée entre Jaffa et Jérusalem. L'ignoble machine roulera à travers la vallée silencieuse de Josaphat, réveillera les échos étonnés de Cédron, et les voyageurs trouveront aux abords de la gare des omnibus faisant le service du Calvaire et du jardin des Oliviers.

La nuit commençait à tomber lorsque, à un détour de la voie, nous aperçûmes tout à coup, assise sur son trône de rochers, à dix-huit cents pieds d'altitude au-dessus de Rumel, l'ancienne Cirtha, capitale de la Numidie, la ville de Constantine. La gare, où nous arrivâmes quelques minutes après, est bâtie sur le Mansourah, le seul côté par où cette ville aérienne soit accessible. Tous les hôtels étaient remplis par les nombreux étrangers accourus de tous les points de la province à l'occasion des courses et de la grande *fantasia* arabe qui devaient avoir lieu le surlendemain. Il ne me restait plus en perspective que les misérables caravansérails où les voyageurs s'entassent pêle-mêle sur des nattes, et dont tout le menu consiste en kouskoussou, galettes et figues sèches et eau pure. Je me con-fiai à la providence qui me conduisit chez les bons pères Lazaristes, au petit séminaire de Saint-Félix, où je reçus la plus cordiale hospitalité.

Le touriste qui n'a visité que les villes du littoral, Oran, Alger, Bougie, Philippeville, Bône et même Tunis, n'a qu'une idée très-incomplète des anciennes cités arabes avec leurs rues étroites où défilent des caravanes de chameaux, leurs interminables rangées de boutiques où selliers, brodeurs, bijoutiers, cafetiers, forgerons, boulangers, bouchers, tailleurs, potiers, barbiers, cordonniers, etc., exercent côte à côte leurs professions diverses et sollicitent les acheteurs par les sons assourdissants des clarinettes et des tam-tams. Ce n'est qu'à Constantine qu'on retrouve dans toute sa pureté et sa poésie la vraie couleur locale qui tend à disparaître de plus en plus des villes du littoral africain.

L'aspect de Constantine, des hauteurs du Mansourah, est unique au monde. « L'Europe et l'Orient, dit M. Poujoulat, dans son *Voyage en Algérie*, ne m'avaient rien offert de pareil. Cette cité, assise sur des rocs, au bord des abîmes, vous apparaît comme je ne sais quel mystérieux et formidable gardien du désert. »

Le plateau sur lequel Constantine est bâtie a
la forme d'un trapèze dont les angles font face
aux quatre points cardinaux; les Arabes, dans
leur pittoresque langage, disent que *la ville de
l'air* (Baleb-el-Haouna) ressemble à un immense
burnous déployé qu'une main invisible tient suspendu dans l'espace.

Le lendemain de mon arrivée, j'errais à l'aventure, à la tombée de la nuit, dans le quartier
arabe, au milieu d'un dédale inextricable de rues
étroites, tortueuses et obscures, cherchant en
vain le chemin du petit séminaire et ne le pouvant
demander à personne, lorsque je me trouvai en
face d'une superbe mosquée vers laquelle la foule
musulmane affluait de toutes parts. Une grande
porte cintrée, éclairée de lanternes vénitiennes,
s'ouvrait sur un large escalier en marbre mi-blanc,
mi-noir. La curiosité l'emportant sur la prudence,
je suivis la foule. La bande de marbre noir était
destinée aux simples fidèles, celle de marbre
blanc aux grands personnages. En ma qualité
de marabout français, je m'engageai sur le côté
de marbre blanc à la suite des marabouts, de
l'iman, du kadi, etc., et arrivai dans une cour
pavée en marbre au milieu de laquelle se dressait une magnifique fontaine où prêtres et fidèles
plongeaient à l'envi les pieds, la tête et les bras,
voire même quelques-uns le corps tout entier.

Pour moi, je continuai ma route vers la salle de la mosquée, dont les murs lambrissés de carreaux de faïence aux mille couleurs, et les innombrables colonnes qui la partageaient en cinq nefs éclairées par d'énormes lustres en cristal et d'immenses lanternes turques chargées de girandoles, m'apparaissaient comme une vision fantastique des *Mille et une nuits*. Au moment où j'allais franchir le seuil sacré, un vieux marabout se précipite sur moi, et jetant des regards irrités sur mes pieds, me fait comprendre, en me montrant les siens qui étaient nus et une longue rangée de babouches et de sandales alignées dans le vestibule, que, pour pénétrer dans l'enceinte, il fallait quitter ma chaussure. Le sol était couvert de riches tapis et de nattes sur lesquels une centaine de vrais croyants étendus à plat ventre et ronflant à qui mieux mieux, attendaient patiemment l'heure de la prière. Ne voulant pas quitter ma chaussure, et mon vieux marabout ne voulant pas céder, je m'adressai à un jeune marabout qui passait en ce moment près de nous avec une énorme lanterne à la main.

— Laisse-moi entrer, lui dis-je, pour visiter la mosquée et me retirer aussitôt, car ma religion me défend de prendre part à vos cérémonies et à vos prières.

— Je monte au minaret pour crier la prière,

me dit-il en assez bon français; attends-moi, à mon retour, je te ferai visiter la mosquée.

— Pourquoi ne te suivrais-je pas au sommet du minaret? m'écriai-je.

— Les marabouts seuls ont ce droit, me répondit-il, mais, puisque tu es marabout chrétien et français, suis-moi.

Sur ce, nous nous engageâmes dans les étroits escaliers de la tour, lui portant la lanterne, et moi le suivant par derrière, assez peu rassuré, par moment, de l'étrange situation où je me trouvais.

Après une longue et fatigante ascension, nous fûmes au sommet du minaret de la mosquée de Salah-Bey, la plus élevée de Constantine. La ville, à peine éclairée par les rayons obliques de la lune, s'étendait à nos pieds, silencieuse sur son plateau de rochers qu'entourent les gigantesques ravins du Rumel. On eût dit un aigle immense planant sur un abîme. Au sommet de chaque minaret brillait une lanterne qu'agitaient de temps à autre les muezzins en attendant le signal de la prière qui devait partir de la grande mosquée (Djemâ-Kebir). Il ne se fit pas longtemps attendre.

Une voix perçante, portée par la brise du soir, traversa l'espace, et aussitôt je vis mon marabout se tourner vers l'Orient, étendre les bras, se prosterner jusqu'à terre, puis, approchant ses deux mains de la bouche en guise de porte-voix, il se mit à crier, en imprimant à sa voix les ondulations et les vibrations de la cloche : *Allah ! Allah !* etc.. « Dieu est Dieu ; Mahomet est son prophète. Il est un, tout-puissant, éternel, immense, priez-le, adorez-le ! » Et il recommença la même chose aux quatre points cardinaux. Rien de plus mystérieux et de plus saisissant que cette mélodie aérienne qui, partie successivement de chaque minaret, traverse mélancoliquement l'espace en proclamant la grandeur et le culte de Dieu.

— Tu as entendu, me dit le muezzin, eh bien ! à cette heure, il n'y a pas un musulman, à Constantine, qui ne prie Jéhovah, le front prosterné dans la poussière ; tandis que la cloche du dimanche a beau sonner, les chrétiens ne se rendent pas à leur mosquée.

La réflexion était malheureusement trop juste. Nous redescendîmes, et sans songer à visiter la mosquée, je serrai la main du marabout qui porta la mienne à ses lèvres, puis je regagnai, comme je pus, le petit séminaire où l'on m'attendait pour souper.

Que de choses à dire sur Constantine! les scènes horribles et étranges des Aïssassouas qui avalent des scorpions, se percent de poignards,

marchent sur des barres de fer rouge, dévorent
des moutons vivants y compris les os et la laine;
les courses de la fantasia arabe dans les plaines
de Sidi-Mabrouk; les excursions dans les gorges
du Rumel, au rocher des Martyrs, sur les coteaux
enchantés de Sidi-Mécid; les visites aux douars
où vivent sous des tentes de poils de chameaux
les populations nomades du désert!

Mais j'ai hâte d'arriver à Hippone, qui est le
but de mon voyage.

II

La route qui conduit de Constantine à Bône
par la plaine fertile du *Saf-Saf* (rivière des peu-
pliers blancs) et par le désert de Jemmapes, mérite une petite mention. On se croirait transporté
en Palestine en pleine époque biblique. Çà et là
se dressent les tentes noires des tribus arabes
groupées en rond, soit au pied d'une colline, soit
sur le sommet d'un coteau. De temps à autre une
fontaine ombragée d'un palmier où les chameaux
viennent boire et les femmes puiser de l'eau dans
de longues cruches qu'elles portent sur leurs
épaules ou sur leur tête, comme autrefois Ré-

becca ; des bergers poussant des troupeaux de moutons et troublant seuls par leurs chansons lentes et tristes le silence de ces vastes solitudes. Parfois aussi il prend fantaisie au lion de mêler sa grande voix aux accords des bergers. Malheur aux douars qui se trouvent sur son passage ! Ils devront payer au seigneur le tribut accoutumé et fournir à ses repas les chèvres les plus grasses et les plus belles brebis, tant qu'il lui plaira de séjourner dans le voisinage. Les feux allumés, les cris, rien n'empêche le lion de venir lui-même choisir ses victimes pendant la nuit, à la barbe des Bédouins qui l'entendent et le voient de l'intérieur de leurs tentes, mais qui se gardent bien de le déranger.

« Quelquefois, me disait le conducteur de la voiture, il m'arrive de rencontrer le lion surtout dans ce désert de Jemmapes que nous traversons. Si les chevaux le sentent par devant, ils se cabrent et se laisseraient tuer plutôt que d'avancer d'un pas ; s'ils le sentent par derrière, oh ! alors, il n'y a plus moyen de les retenir, ils ne galopent pas, ils volent sans s'inquiéter de la voiture, des voyageurs, ni des obstacles qui se peuvent rencontrer sur la route. Je vous réponds que si cela nous arrivait, nous serions vite rendus à Bône. » Puis ce bon conducteur nous racontait des histoires de lions à faire frémir.

Ces discours n'étaient guère rassurants en pleine nuit et dans le pays le plus fréquenté des lions de tóute la province de Constantine.

Cependant une pensée dominait chez moi toutes les autres, et les souvenirs bibliques et la crainte des lions. La terre que nous foulions était sainte. Ces solitudes avaient été autrefois peuplées de chrétiens, de saints évêques les avaient parcourues ; ces plaines et ces vallons avaient retenti des chants de l'Église catholique. A la place de ces froides mosquées, dont les blancs minarets passaient devant nous comme de gigantesques fantômes, s'élevaient de gracieuses églises où Jésus-Christ était immolé et résidait. Partout régnait l'Évangile, l'Eucharistie, la croix, la civilisation, la vie, là où règnent maintenant le Croissant, le Coran, la barbarie et la mort. Tout a disparu de l'ancienne foi catholique, jusqu'au nom de ces villes célèbres, toutes pleines encore de la gloire et de la renommée du grand Augustin.

C'est ainsi que revivaient dans ma pensée ces vieux siècles de l'Afrique chrétienne pendant que la diligence m'emportait à travers ces contrées devenues sauvages où florissait autrefois *Calame* (Guelma), siége de l'évêque Possidius, dont le nom est inséparable de celui d'Augustin, *Announa*, patrie de sainte Monique, *Thagaste* (aujour-

d'hui Souk-Karas), où naquit le célèbre docteur
de l'Eglise.

Puissent ces déserts un jour refleurir !

Lorsque nous arrivâmes à Bône, après vingt
heures de voyage, le soleil levant dorait les collines d'Hippone qui se détachaient sous l'azur du
ciel comme une île lumineuse entre la plaine et
la mer. Mes regards ne pouvaient pas se lasser
de contempler les coteaux à jamais célèbres où
saint Augustin avait vécu, pensé, prié et d'où des
flots de lumière et des parfums de vertus s'étaient
répandus sur l'Afrique, l'Europe et le monde.

Nous entrâmes à Bône par la porte d'Hippone.
J'étais attendu au presbytère où l'excellent curé,
M. l'abbé Rion, et ses aimables vicaires me donnèrent pendant plusieurs jours la plus fraternelle
hospitalité.

Bône (en arabe *Beleb-el-Anab*, la ville aux
jujubiers), avec son ciel si pur, sa belle rade où
s'avance majestueusement la mer azurée, ses
murailles blanches, les sommets boisés de l'E-
dough et les coteaux gracieux dominés par la
Kasba, est sans contredit la ville la plus jolie et
la plus agréable de l'Algérie. Mais que m'im-
portait cette ville avec tous ses charmes ? J'étais
venu y chercher Hippone, et comme toutes ces
beautés s'effaçaient auprès de cette modeste colline pleine de ruines et de souvenirs ! Il me tar-

dait de fouler ce sol sacré marqué par saint Augustin de traces immortelles que n'ont pu effacer ni même amoindrir quatorze siècles d'islamisme et de barbarie.

Le chemin qui conduit de Bône à Hippone est sans cesse ombragé par des oliviers séculaires, des haies de cactus, de lentisques, de grenadiers, d'aloès, d'acanthe, de myrtes et de jujubiers derrière lesquelles on aperçoit de charmantes villas perdues au milieu d'une végétation luxuriante. L'enceinte de la ville d'Hippone embrassait à peu près soixante hectares. On remarque sur cet emplacement, malgré les ravages des siècles, d'importantes ruines auxquelles pourtant on serait en peine de donner un nom. Ce sont des pans de murs et d'énormes fragments d'une maçonnerie rougeâtre. Où se trouvaient l'ancien couvent de saint Augustin et la basilique de la Paix, on ne saurait au juste le dire, bien que la foi naïve des fidèles ait cru reconnaître au milieu de ces débris épars et la cathédrale et la maison du saint Évêque. Les ruines les mieux conservées sont celles des immenses citernes destinées à recevoir et à conserver l'eau qu'y conduisait un aqueduc gigantesque prenant naissance dans les pentes du mont Edough.

C'est un peu plus haut que ces citernes, sur un mamelon planté d'oliviers, que s'élève, sur un socle de marbre blanc, la statue en bronze de saint Augustin.

Quel panorama ! quels souvenirs ! A mes pieds s'étendait le territoire de l'ancienne Hippone formant comme une île semée de ruines, entre l'*Abou-Gemma* (rivière de la mosquée) et la Seybouse qui se perdent ensemble dans la mer. Devant moi la ville de Bône, coquettement assise sur les premières pentes de l'Edough et gardée par son rocher du lion ; plus loin, la Méditerranée, brillante et bleue comme le ciel, toute parsemée de voiles blanches. Il me semblait voir la grande ombre d'Augustin planant au-dessus de toutes ces magnificences ; il me semblait entendre sa voix douce me dire : « O mon fils, que sera donc la patrie, si l'exil est si beau ! »

J'avais suivi les traces de l'illustre docteur à Rome, la ville de ses égarements et de ses doutes, à Milan, où la vérité brilla à ses yeux et la voix de Dieu parla à son cœur, à Ostie où il s'embarqua pour retourner dans sa chère Afrique, à Thagaste, où, il était né, et maintenant j'étais à Hippone où, pendant trente-six années d'un glorieux épiscopat, il avait prié, où il avait parlé, écrit, où il avait souffert, où il avait rendu le dernier soupir.

Ce que j'éprouvais en un pareil moment, Monseigneur Dupuch et M. l'abbé Sachet, les deux pre-

miers apôtres de l'Algérie après saint Augustin,
l'éprouvèrent lorsque, pour la première fois, ils
foulèrent ensemble ce sol sacré, et en transcrivant
ici quelques passages de leurs admirables lettres,
je ne fais que transcrire, beaucoup mieux expri-
més que par moi-même, mes propres sentiments
et mes propres émotions.

« A six heures, écrit Monseigneur Dupuch,
j'arrivais à Hippone, intérieurement ému. Un
autel était déjà dressé au-dessus des magnifiques
citernes de saint Augustin, dans la plus admirable position, et sur le terrain même où s'éleva
le monument filial et fraternel. Au milieu de cet
appareil extraordinaire à cette heure, je célébrai
en habits pontificaux et avec la pompe la plus
solennelle le sacrifice qu'Augustin, à cette même
place, y avait, il y a quatorze cent onze ans, célébré pour la dernière fois... Et depuis ces quatorze siècles, que s'était-il passé?

« C'était la même colline et la même mer, les
mêmes échos ; ce jour, ce même jour, on entendait là-bas, au delà du pont, les cris des barbares, les gémissements, les sanglots du peuple
d'Augustin, aujourd'hui des fanfares guerrières,
le hennissement des chevaux des chrétiens vainqueurs, les acclamations d'un peuple nouveau.
Et pendant cette messe, à laquelle s'unissaient
tous les évêques, nos frères de France, quelle

prière ! J'essayai de parler : ma mitre étincelait au feu du soleil qui montait à l'horizon au-dessus des flots ; j'appuyai mon bâton pastoral sur le gazon, sur des pierres où peut-être... Ne me demandez pas ce que j'éprouvai, ce que je dis, ce qui nous transportait tous, je ne pourrais pas vous le dire ; oh ! non, mille fois non. Mon Dieu ! quels sentiments me font encore éprouver ces souvenirs ! »

« C'est là, écrit à son tour M. l'abbé Suchet, que j'exerçai, pour la première fois, ma charge d'archidiacre d'Hippone. Mon émotion en ce moment serait difficile à décrire ; elle ne fit que s'accroître pendant la sainte messe que j'eus le bonheur de célébrer là aussi pour la première fois. J'étais dans une espèce d'anéantissement. Nous passâmes le reste de cette sainte journée sur ces ruines d'Hippone. Le soir, nous ne pouvions nous en arracher... »

« Je ne saurais vous dire le saisissement et la sainte émotion que j'éprouvais en embrassant cette terre que le grand saint Augustin avait arrosée de ses larmes et de ses sueurs. Monseigneur d'Alger m'avait confié la relique de ce grand saint, que le Pape lui a donnée ; c'est la seule qu'il y ait en Afrique ; je la plaçai sur un monceau de ruines, là où les indigènes mahométans vont tous les mercredis prier le grand *roumio* chrétien, qui leur apparaît, disent-ils, souvent avec sa longue tunique blanche, et qu'ils regardent comme le protecteur de leurs biens, de leurs enfants, etc. Je restai trois jours à Bône, et tous ces trois jours, j'allais prier et me promener pendant plus de deux heures sur les ruines de ma chère Hippone. Je la quittai en pleurant, un soir, par un beau clair de lune ; et de la mer, sur cette frêle barque qui m'éloignait d'elle, je lui disais adieu comme à un ami qu'on quitte après avoir lié avec lui une première et vive amitié. »

Pour moi, si j'avais été seul, j'aurais passé la journée entière à parcourir ces ruines, à prier auprès de cette statue, à contempler ce panorama, à fouler cette terre arrosée des sueurs et des larmes de saint Augustin. Mon cœur et mes yeux étaient insatiables.

Mais je dus revenir à Bône avec mes compagnons, et ce ne fut pas sans peine que je m'arrachai à ces émotions, à ces souvenirs.

III

Les souvenirs de saint Augustin sont à Hippone, mais les reliques sont à Bône. J'eus le bonheur de célébrer plusieurs fois le saint sacrifice de la messe devant ces restes insignes, de les voir et de les baiser. C'est ici le lieu de dire un mot sur Hippone, saint Augustin, ses glorieuses reliques et leur translation de Pavie à Hippone.

« Ces documents, du reste, » écrit Monseigneur l'archevêque de Bordeaux, dans son Mandement de Carême de 1843, « ces souvenirs « appartiennent aux annales religieuses de notre « diocèse. En donnant à l'Afrique, comme autre- « fois à la Campanie, un de ses plus nobles « enfants, l'Église de Bordeaux n'est-elle pas de- « venue la mère de l'Église naissante des Au- « gustin et des Fulgence ? »

Hippone (en arabe *ulbo*, baie) était primitivement une colonie marchande de Carthage. Silicus, roi de Numidie, attiré par la beauté et la douceur du climat, venait y camper, chaque année, pendant plusieurs mois. C'est de là qu'elle a reçu des Romains le nom de *Hippo-Regius*, baie

Royale). Plus tard, Hippone devint une colonie romaine, et au ɪɪɪ^e siècle, elle était, avec Carthage, le plus opulent marché de l'Afrique. Ce fut alors que les habitants construisirent ces magnifiques monuments, ces aqueducs gigantesques, ces réservoirs immenses dont les ruines sont encore aujourd'hui si imposantes.

Mais une plus grande gloire était réservée à Hippone. Elle devait, avec saint Augustin, devenir la Rome de l'Afrique, et laisser bien loin derrière elle Carthage, son ancienne métropole.

Lors de la chute de l'empire d'Occident, au ɪv^e siècle, les Barbares, non contents d'envahir la Gaule, l'Italie et l'Espagne, traversèrent la Méditerranée, ravagèrent toute cette belle côte d'Afrique et convertirent bientôt en un immense désert ces cités et ces Églises florissantes. Avec Genséric et ses Vandales et la disparition de ses sept cents évêques, commença pour l'Afrique cette longue ère de barbarie contre laquelle luttèrent inutilement saint Louis et Charles-Quint.

Il était dans les destinées de la France de rendre à l'Algérie, avec la religion et la civilisation chrétienne, son ancienne splendeur.

Lorsque partout régnaient la désolation et la ruine, Hippone, devenu le rempart de la foi, tenait encore, malgré les efforts des Vandales qui l'assiégeaient. Entouré d'une foule de religieux, de prêtres et d'évêques accourus des diocèses voisins, Augustin, par sa seule présence, rendait impuissantes les attaques des Barbares. Mais son cœur d'évêque et de père ne put résister plus longtemps à tant d'inquiétudes et de douleurs ; il mourut à l'âge de soixante-seize ans, le 20 août 430, le troisième mois du siége, les yeux tournés vers le ciel où depuis quarante-deux ans l'attendait sainte Monique, sa mère.

Après quatorze mois d'une héroïque résistance, Hippone tomba au pouvoir de Genséric, qui la réduisit en cendres. La basilique et la bibliothèque de saint Augustin furent seules épargnées par les flammes.

Plus tard, en 697, Hippone passa avec le reste de l'Afrique septentrionale sous la domination des Arabes, et l'islamisme acheva l'œuvre de destruction commencée par les Ariens.

Cependant les évêques proscrits emportèrent avec eux les restes du saint docteur, pour les dérober aux profanations des Barbares. Ils furent déposés à Cagliari, en Sardaigne, où ils furent pendant deux cents ans l'objet de la vénération des fidèles. Lorsque les Sarrasins se furent rendus maîtres de la Sardaigne, ils s'emparèrent du corps de saint Augustin qu'ils ne cédèrent qu'à prix d'or à Luitprand, roi des Lombards. Ce prince pieux le transporta à Pavie, près de cette même terre, sa vraie terre natale, où il avait été enfanté à la foi et régénéré par les eaux du baptême.

Quand la France, qui ne dit jamais *c'est assez* tant qu'il y a de nouvelles gloires à conquérir, eut planté son drapeau sur la terre africaine, elle achevait l'œuvre de saint Louis, et elle faisait plus que n'avait fait Charles-Quint : elle préparait le tombeau de saint Augustin à Hippone : Elle ouvrait ainsi la seule porte par laquelle la civilisation pût rentrer dans son antique domaine.

Il y a quatorze siècles, c'étaient des évêques fugitifs et proscrits qui traversaient la mer avec le dépôt sacré à qui la terre natale refusait un tombeau ; hier, c'étaient des évêques libres et heureux de leur mission qui, portés sur la même mer, rendaient saint Augustin à sa patrie, conquise de nouveau à la foi catholique.

Le 26 octobre 1842, deux navires, le *Gassendi* et le *Ténare*, quittaient la rade de Toulon, au bruit toutes les cloches, aux détonations de l'artillerie des forts et au son de la musique militaire. Saint Augustin allait reprendre possession de sa chère Hippone ; son bras droit, cédé par l'Église de Pavie à l'Eglise d'Afrique et porté triomphalement par sept évêques de France, allait de nouveau bénir ces contrées, où son souvenir perpétué d'âge en âge est toujours vivant.

Le vénérable archevêque de Bordeaux, toujours prêt à voler, sans calculer jamais la distance ni la fatigue, partout où la gloire de Dieu et le bien de l'Église le demande, avait répondu au pressant appel de Monseigneur Dupuch et accepté la présidence des magnifiques cérémonies de la translation solennelle de la plus insigne portion des restes de saint Augustin, et de la consécration du monument élevé sur la colline d'Hippone. A quel autre pouvait-il appartenir de présider une pareille fête, qu'à celui que Monseigneur Dupuch avait appelé son pasteur et son père, et qui avait fait couler l'huile sacrée sur le front du successeur de saint Augustin ?

Accompagnés par les vœux et les prières des fidèles des diocèses de Bordeaux, d'Alger, de Marseille, de Châlons, de Digne, de Valence et de Nevers, dont les évêques escortaient la sainte relique, le *Gassendi* et le *Ténare*, après une heureuse traversée, entrèrent dans la rade de Bône, le 28 octobre, à la pointe du jour.

Je n'entreprendrai pas de raconter ces fêtes splendides, dont le souvenir vit encore et vivra longtemps à Bône, lorsque Sa Grandeur Monseigneur Donnet, archevêque de Bordeaux, nous en a laissé un récit si détaillé et si émouvant dans son Mandement de Carême de l'an de grâce 1843.

« A la vue de notre navire et au signal donné

par l'artillerie de la Kasba, une foule considérable
de Turcs, d'Arabes, de Maures et d'Européens
se précipitent sur le rivage. Nous nous dirigeons
vers le môle, après avoir décrit un long circuit,
formant, avec les canots et les chaloupes de notre
équipage, une longue file qui s'avançait lentement, en ordre de procession, au chant des psau-
mes et au bruit de l'artillerie, des cloches et des
tambours. C'était sur les collines de l'Edough,
comme dans la plaine de la Bou-Djema, un mouvement, une vie extraordinaire ; jamais l'Afrique, depuis les jours d'Augustin, n'avait, en effet,
rien vu de semblable. Les évêques, dans la dernière chaloupe et revêtus de leurs ornements,
fermaient la marche. Nous débarquâmes sur le
port, où nous attendaient les autorités civiles et
militaires, avec toute la garnison.

« Après un discours éminemment chrétien de
M. le maire et quelques paroles touchantes de
M. l'abbé Suchet, archidiacre d'Hippone, le clergé
s'est rendu processionnellement sur la place publique de Bône, précédé d'un immense cortége.
On avait élevé plusieurs arcs de triomphe ; toutes
les maisons étaient tendues, et les rues jonchées
de feuillages. Les saintes reliques ont été dépo-
sées sur un autel majestueux, orné de riches
étoffes, de candélabres, de vases, de guirlandes
et de fleurs. Novembre nous donnait en Afrique

les richesses du printemps. Les troupes françaises et la milice d'Afrique encadraient ce magnifique tableau.

« Monseigneur l'évêque d'Alger, après une messe pontificale, célébrée au milieu de cet appareil tout à la fois si pompeux et si extraordinaire, a su trouver de brûlantes expressions pour nous dire tout son bonheur. Puis, plaçant sa main sur la châsse sacrée : *Jungamus dextras*, s'est-il écrié, joignons nos mains pour bénir cette nouvelle Hippone qui vous reçoit avec tant de joie; pour bénir ce peuple que nous n'avez pas connu, mais qui veut devenir votre peuple ; pour bénir ces guerriers qui nous entourent, et au courage desquels nous devons ce triomphe d'aujourd'hui ; pour bénir ceux qui sont nos frères aussi, quoique séparés de nous par une foi étrangère ; pour bénir enfin ces lieux, cette terre, que vos yeux contemplèrent jadis, ces montagnes, ces plaines, ce beau pays enfin tout plein de votre gloire.

« Comment rendre, comment exprimer par une lettre morte les émotions produites par cette parole, qu'on eût cru être celle d'Augustin lui-même ? Tous subissaient une indéfinissable impression, tous croyaient voir passer sous leurs yeux les spectacles imposants qui avaient lieu à Pavie, à Verceil, à Novare, à Turin, à Fréjus et à Toulon. Saint Augustin sortant du tombeau après quatorze siècles ; son bras encore levé pour bénir cette Afrique si belle, si propère, quand elle reposait à l'ombre de sa houlette pastorale, et que la mort ou l'exil de ses pontifes avait livrée à la barbarie ; le retour de celui qui fut sa gloire, sa lumière et sa force ; ses restes précieux déjà en possession du faubourg de son Hippone, comme un gage de civilisation et de paix ; tous ces tableaux se déroulaient avec un charme indicible ; ce n'était pas seulement de l'émotion, c'était du bonheur !

« La procession se remit en marche, en chantant le *Te Deum*, et vint à l'église (hélas ! si obscure, si petite et si pauvre !) où les reliques furent placées pour y être exposées à la vénération des fidèles. Le soir, une illumination brillante témoignait de la joie universelle. »

Mais la grande cérémonie avait été réservée pour le dimanche 30. Ce jour-là, les reliques de saint Augustin devaient être transférées pompeusement à Hippone, qui est à une demi-lieue de Bône, et placées dans le monument élevé sur cette bienheureuse colline par le concours unanime des évêques de France.

La procession s'est mise en marche à huit heures, précédée de la musique, escortée par les troupes de la garnison, suivie d'un nombreux état-major, des deux généraux commandant la province de Bône, des autorités administratives et judiciaires, parmi lesquelles figuraient plusieurs scheiks arabes. Différentes stations avaient été ménagées sous des arcs de triomphe dressés de distance en distance : l'une au passage de la Seybouse, sur ce pont antique qu'avait dû traverser si souvent le pasteur infatigable ; l'autre aux ruines désolées de l'ancienne basilique de la Paix. Quels souvenirs, quelles figures nous apparaissaient dans le lointain des âges !

« Arrivée à mi-coteau, la procession s'est rangée en amphithéâtre sur la colline, autour du monument qui a été solennellement inauguré, et sur lequel a été placée en triomphe la statue du saint Docteur. Rien ne saurait peindre le spectacle magique offert par cette multitude, aux costumes divers, apparaissant au milieu des myrtes, des lauriers-roses, des cactus, des oliviers et des aloès. Un des prélats, assisté de tous les autres évêques, en chape et en mitre, a célébré les saints mystères dans ce temple immense, qui avait pour voûte le ciel étincelant et pour colonnes les arbres toujours verts de la montagne. Une allocution fut adressée à cette foule d'hommes de toutes les langues et de toutes les religions, répandue au loin sur la colline et dans la plaine. Puis chaque évêque, prenant successive-

ment la châsse de saint Augustin, bénit solennellement la France, l'Algérie, les fidèles et les
infidèles.

« Vous ne fûtes point oubliés, nos très-chers
frères, dans cette bénédiction : nous dirigeâmes
vers vos maisons et vos familles la main du saint
évêque, car lui seul bénissait dans ce grand jour
de son triomphe. Nous le conjurâmes de nous obtenir de Dieu qu'il aima d'un amour si vrai, un
cœur tout plein de cet amour de pasteur et de
père, afin que nous aussi nous puissions en em-
braser les vôtres. »

Telle fut cette fête, dont le souvenir est inséparable de celui de saint Augustin. Les reliques
du saint ne sont plus dans cette mosquée si obscure, si petite et si pauvre, convertie en temple
catholique, dont parle Son Éminence, mais bien
dans une magnifique église byzantine, à trois
nefs, une des plus belles de l'Algérie. Une élégante fontaine en marbre, surmontée d'un jet
d'eau qui jaillit du sein d'un bosquet de palmiers,
d'orangers, de gutta-percha et de lauriers-roses,
s'élève au milieu de la place publique, au lieu
même où fut célébrée, le 28 octobre 1842, la
messe pontificale.

Et le grand docteur du haut de son piédestal
de marbre, les yeux tournés vers les ruines de sa
chère Hippone, vers la mer qu'il traversa tant

de fois, vers la Sardaigne qui garda ses cendres et l'Italie sa seconde patrie, a toujours la main levée pour bénir l'Afrique et lui montrer le ciel.

NOTRE-DAME DE LA SALETTE

O montagne bénie,
Où je voudrais mourir,
Vous serez de ma vie
Le plus doux souvenir.

(Cantique)

I

Je n'entreprendrai point de raconter l'histoire de ce pèlerinage, rendu à jamais célèbre par l'apparition de la Reine du ciel, ni de faire la description de ces lieux vénérés, si souvent visités par les nombreux serviteurs de Marie. D'autres l'ont déjà tenté avec plus de succès que j'en aurais moi-même. Leurs récits émouvants et fidèles ont porté, dans toutes les parties du monde, la Salette et les merveilles qui s'y sont accomplies.

Je me bornerai à raconter ce que personne ne sait encore : les divers incidents de mon pèlerinage à ces sommets bénis et les vives impressions que j'y ai éprouvées.

Parti de Grenoble, le 8 mai 1859, j'arrivai à la petite ville de Corps, rendez-vous obligé des cinq cent mille pèlerins qui, chaque année, gravissent, à pied ou à dos de mulet, les flancs escarpés de la sainte montagne. Il était sept heures du soir, le ciel était couvert de gros nuages grisâtres d'où s'échappait une pluie fine et serrée ; la nuit, favorisée par le brouillard, s'avançait à grands pas.

Humainement parlant, le plus sage parti était de m'installer à l'hôtel de la Diligence, où m'attendaient un excellent souper et un bon lit, avantages que rendaient bien appréciables le jeûne forcé et les fatigues d'un voyage de douze heures, de Grenoble à Corps. J'en aurais certainement profité sans le moindre remords de conscience, si je n'avais pas promis à un grand nombre de mes amis de me trouver à la Salette le 9, à six heures du matin, jour et heure où nous devions nous rencontrer en union de prières, les uns en communiant, les autres en offrant le saint sacrifice de la messe. Il me fallait donc nécessairement, pour arriver à temps, voyager de nuit. Aussi pris-je, pour arriver, le parti sinon le plus prudent, du moins le plus sûr. A peine descendu de voiture, je demandai un mulet, le plus pacifique possible, vu ma complète inexpérience dans l'art de l'équitation.

— Vous n'y pensez pas, me dit le maître d'hôtel; avec un ciel pareil, et à une pareille heure, tenter l'ascension de la montagne!

— Y a-t-il du danger, lui demandais-je?

— Il pourrait y en avoir si le temps devenait plus mauvais.

— Vos mulets ont le pied sûr?

— Oui; mais dans l'obscurité, et avec des sentiers rendus glissants par la pluie, on ne peut répondre de rien.

— Je réponds de tout, repartis-je, la Sainte Vierge nous protégera; donnez-moi un mulet et un guide, je veux partir à l'instant même.

Dix minutes après on m'amenait un enfant de quatorze ans et un mulet aveugle, qui savait *par cœur* le chemin de la Salette. Le premier, par son air de résignation forcée, et le second par son obstination constante à ne vouloir pas avancer, semblaient tous deux fort éloignés de partager mon enthousiasme et fort peu enchantés de s'associer à ma pieuse entreprise. Enfin, bon gré, mal gré, tout partit sous l'œil protecteur de Marie.

Le sentier, d'abord facile et commode, allait se rétrécissant, à mesure que nous avancions davantage. Cependant le brouillard devenait de plus en plus épais, la pluie tombait plus abondante, et le vent sifflait, en gémissant, dans les gorges et les vallées. Bientôt nous fûmes dans une obscurité si profonde que je n'apercevais plus ni le guide, ni même le mulet qui m'emportait à travers les ténèbres et les précipices. C'est pourquoi, bien chers lecteurs, vous voudrez bien me dispenser de vous faire la description des lieux pittoresques que nous traversions, et des pics sauvages qui nous environnaient de toutes parts.

Je commençais à partager l'opinion de mon hôte et de mes compagnons de route, au sujet de ce voyage qui, à tout prendre, était loin d'être une partie de plaisir. Il y avait une heure à peine que nous étions en chemin (et il fallait quatre heures), et déjà les gémissements du vent étaient devenus des hurlements sinistres qui remplissaient la montagne ; chaque goutte de pluie s'était changée en autant de cataractes qui se précipitaient du ciel : les torrents mugissaient, et nous montions toujours par un sentier devenant plus étroit à mesure que le précipice se creusait davantage. Un faux pas, une glissade, un caprice du mulet, un coup de vent, un rien pouvait nous précipiter, d'un moment à l'autre, dans les abîmes béants qui grondaient sous nos pieds, à des profondeurs inconnues.

C'est ainsi qu'entourés de tous côtés par la

mort, je m'acheminais péniblement, mais le cœur plein de confiance, vers cette montagne de vie où m'attendaient de si douces émotions.

Le chapelet à la main et la prière sur les lèvres, je poursuivais mon ascension périlleuse, au milieu des éléments déchaînés, lorsque tout à coup mon mulet s'arrêta brusquement, comme retenu par une main invisible, et une voix tremblante se fit entendre derrière moi, c'était celle de mon pauvre guide qui, par prudence, s'était réfugié derrière la queue de ma monture, à laquelle il se tenait attaché, étant assuré, de la sorte, de ne pas manquer le sentier.

— Monsieur, me dit-il, il fait un temps affreux; l'on n'y voit pas, nous ne sommes pas encore à moitié chemin, si nous retournions à Corps?

— Rendus où nous sommes, lui répondis-je, il vaut mieux continuer.

— Mais, monsieur, le sentier va devenir de plus en plus difficile et dangereux: à certains endroits même il est taillé dans le roc, et, avec cette pluie, le mulet pourrait glisser. Si vous pouviez voir les précipices qui sont au-dessous de nous! Retournons, retournons.

— Ayons confiance en la Sainte-Vierge, repartis-je; Elle nous gardera des périls et nous conduira à bon port. Récitons le chapelet... Continuons... Courage!

Force, du reste, nous était de continuer notre route, car le mouvement de volte-face demandé par mon guide était rendu, non-seulement dangereux à cause de l'épaisseur des ténèbres, mais encore impossible à cause de l'étroitesse du sentier.

J'éprouvais une certaine joie et un certain orgueil à braver ces dangers pour Marie et à me voir ainsi retenu par sa main maternelle, au-dessus des abîmes qui, à chaque instant, pouvaient m'engloutir.

O Vierge bénie, que pouvais-je craindre sous votre conduite?

Cependant, à mesure que nous montions, le sentier devenait plus abrupt et plus pénible. Au dire de mon jeune guide qui, bien qu'un peu rassuré par mes paroles, se tenait toujours fidèlement cramponné à la queue de ma bête, il n'y avait pas la place d'un homme entre les pieds du mulet et le précipice. Le mulet, de son côté nullement préoccupé de la pluie et du danger, avançait tranquillement, comme si nous nous fussions trouvés en plein jour, et par un temps magnifique, sur la plus belle route du monde. Tout semblait aller pour le mieux lorsque tout à coup un cri perçant retentit à mes oreilles, et je me sentis, au moment même, emporté dans l'espace... Ce fut l'affaire d'une seconde, après laquelle je me retrouvai, à ma grande satisfaction, sur la terre ferme.

Voici ce qui s'était passé :

Le sentier avait été coupé depuis quelques jours, je ne sais trop pourquoi, à un demi-mètre de profondeur et à un mètre de largeur, comme je l'ai appris plus tard. Arrivé à cet endroit connu de lui, le mulet, sans songer à nous avertir, avait jugé plus prudent, pour éviter un faux pas, de franchir, d'un seul coup, le fossé, en sautant d'un bord à l'autre, tandis que mon pauvre jeune homme, qui ne s'attendait nullement à cette brusque manœuvre, avait dû forcément lâcher la queue de l'animal et rouler sur le sol. Quant à moi, j'avais été assez heureux pour garder mon équilibre, et j'en fus quitte pour la peur et une forte secousse. Notre bête trouvait tout cela fort naturel et poursuivait sa marche avec un imperturbable sang-froid. Nous n'étions pas au bout de nos frayeurs. Un quart d'heure après, la même cause amena le même incident, qui se renouvela avec les mêmes circonstances et les mêmes détails.

Cependant la pluie, qui tombait toujours, avait rendu le sentier fort glissant, et les pieds mal assurés du mulet faisaient, de temps à autre, des écarts tout à fait inquiétants. A un moment surtout, nous étions rendus à un endroit où le chemin était taillé dans le roc ; nous touchions au plateau de la Salette. Le mulet, après quelques tentatives infructueuses pour aborder ce dangereux passage, refusait d'avancer. L'entreprise semblait être au-dessus de son habileté et de ses forces. Nous nous trouvions dans une alternative fort critique ; il s'agissait tout simplement, ou de demeurer indéfiniment, toute la nuit peut-être, sous le mauvais temps, à 5,000 pieds de haut et à deux pas d'un précipice prêt à nous engloutir, ou bien de s'exposer à une chute presque inévitable, en forçant le mulet à poursuivre sa route. C'est ainsi, qu'entre la vie et la mort, j'attendais que notre céleste protectrice nous vînt en aide en notre détresse, et ne permît pas que nous fissions naufrage en arrivant au port. Plein de confiance, je levais les yeux vers la montagne bénie d'où j'espérais le secours. Il ne tarda pas à venir. Le mulet, après quelque minutes d'hésitation, se décida enfin à marcher. Dès les premiers pas sur cette roche dure et glissante, il s'abattit et se releva presque aussitôt. Le moment était critique… Encore quelques pas à franchir et nous étions sauvés. Malgré tous ses efforts et toute son habileté, le pauvre animal avait peine à se tenir sur cette surface unie et rapide ; il s'abattit une seconde fois pour se relever encore et, enfin, sortir victorieux du péril.

A l'émotion profonde qui s'emparait de mon âme, aux douces larmes qui, malgré moi, s'échappaient de mes yeux, je sentais les approches de ces lieux vénérés que mon amour était venu chercher au milieu de tant de dangers et de fatigues. Bientôt après nous arrivâmes au sommet et nous aperçûmes, à travers les ténèbres, briller les lumières de la maison hospitalière où le pèlerin oublie les ennuis de son long et pénible voyage. Nous y trouvâmes, quoiqu'il fût très-tard, avec le plus cordial accueil, tout ce que nous pouvions désirer de mieux pour la circonstance : une bonne écurie pour le mulet, un bon feu pour nous sécher, un bon souper pour réparer nos forces, et un bon lit pour nous reposer. L'orage pouvait désormais gronder, le vent souffler, la pluie tomber, nous étions à l'abri, et il était à croire que, par un pareil temps, à pareille heure, aucun pèlerin ne tenterait l'ascension de la montagne. Je m'endormis en pensant à Marie et en savourant d'avance toutes les émotions qui m'attendaient le lendemain.

II

Longtemps avant que le jour parût, je m'éveillai appelant de tous mes vœux le moment où il me serait permis de suivre les traces de Marie sur la sainte montagne, d'y respirer le parfum laissé par son auguste présence et de boire à longs traits à la source miraculeuse qui avait jailli sous ses pieds sacrés.

Le vent était tombé, la pluie avait cessé, le ciel, redevenu pur et tranquille, promettait une belle journée. Comme l'épouse du Cantique des cantiques, je devançais les rayons du soleil pour courir sur la montagne. Le plateau de la Salette couvert d'un frais manteau de verdure ressemblait à une charmante oasis au milieu des pics arides qui l'entouraient de toutes parts, et semblaient vouloir le protéger avec leurs rochers escarpés et leur couronne de nuages. Tous les ans, au premier jour de Mai, le sol se tapisse de jolies petites fleurs bleues que s'empressent de cueillir des mains avides d'emporter ce gracieux souvenir. En faisant ma cueillette, je me rappelais quel-

ques-unes de ces délicieuses strophes composées
par une pieuse servante de Marie :

> Fleur charmante, fleur précieuse,
> J'aime ton calice embaumé
> Et ta corolle gracieuse.
> Mais quel est ton nom bien-aimé ?
>
> Près de la Vierge, fraîche éclose,
> Petite fleur, dis-moi tout bas :
> N'es-tu point le bouton de rose
> Renaissant toujours sous ses pas ?
>
> N'es-tu point l'humble violette :
> L'*aimez-moi*, le lis du vallon ?
> — Je suis la fleur de la Salette :
> Voilà ma gloire et mon seul nom.

Les mains pleines de fleurs, j'arrivai auprès de
la source miraculeuse. C'est là que Marie s'était
assise et avait pleuré ; elle avait reposé ses pieds
dans cette fontaine autrefois épuisée et tarie,
mais devenue abondante et limpide sous sa pres-
sion virginale. J'écoutais avec ravissement ce
doux murmure qui seul troublait le silence du
matin ; mes regards se fixaient avec amour sur
ces eaux bienfaisantes, immortel et irrécusable
témoignage de la visite de Marie, où tant de ses
fidèles serviteurs avaient trempé leurs lèvres ha-
letantes pour y boire à longs traits la santé du
corps, la paix de l'âme et la joie du cœur.

> Coulez, coulez, source miraculeuse,
> Votre vertu ne tarira jamais.

> Coulez, coulez; de cette terre heureuse
> Sur l'univers répandez vos bienfaits.

L'espace accidenté qui sépare la fontaine de la *Belle-Dame* de la chapelle de l'Assomption, bâtie à l'endroit même où Marie a disparu, a été parcouru par la Reine du ciel. L'herbe fleurie s'inclinait à peine sous ses pieds légers. Arrivée au point culminant de cette pente gracieuse, après avoir un instant tourné ses regards mouillés de larmes vers les neiges lointaines qui séparent la France de l'Italie, elle s'était élevée insensiblement vers le ciel, laissant de son passage d'ineffaçables vestiges et d'impérissables souvenirs.

Mes yeux ne la pouvaient point voir, cette Mère chérie, mais mon cœur la sentait dans ces lieux encore pleins d'Elle ; j'entendais sa voix, je retrouvais les traces de ses pas, et en parcourant avec émotion les stations de l'humble Calvaire, j'adorais son Fils crucifié dans le lieu même qu'elle avait foulé... *Ecce audivimus eam ; invenimus eam in campis ; adorabimus in loco ubi steterunt pedes ejus.*

O collines bénies, consacrées et immortalisées par l'auguste visite de la Mère de Dieu, collines privilégiées qui avez recueilli ses larmes, qui avez tressailli au son de sa voix harmonieuse, collines heureuses qui gardez l'empreinte de ses pieds sacrés, je renonce à dire ce que j'ai éprouvé de joie, de paix et d'amour sur vos sommets vénérés. Ces douces et vives impressions dont mon âme était alors remplie, y ont laissé un parfum qui survit aux années, et mon seul regret, en écrivant ces lignes, faible témoignage de ma reconnaissance, est de ne pouvoir rendre tout ce que je sens.

Après deux délicieuses journées passées à la Salette, il me fallait songer au retour. Je partis donc seul, à pied, dans l'après-midi, armé d'un long bâton ferré, à la mode des campagnards. Je ferais grâce au lecteur des incidents de ce second voyage, si je ne devais pas à la gloire de la Sainte-Vierge de raconter les nouvelles marques de protection qu'il lui a plu de me donner dans cette circonstance.

Je m'aventurai, à travers ces montagnes désertes, par des sentiers qui m'étaient complétement inconnus, lors de mon ascension, car l'obscurité ne m'avait pas permis de les distinguer. Après quelques heures d'une marche rapide et pénible où, malgré l'appui de mon bâton, je dus faire de nombreuses chutes, j'arrivai tout haletant et baigné de sueur au bord d'un torrent que les pluies des jours précédents et la fonte des neiges avaient transformé en une large et profonde rivière. Il fallait nécessairement le franchir ou rebrousser chemin. Je m'engageai,

sous les auspices de Marie, dans ces eaux trou-
blées et mugissantes, où je pouvais à chaque
pas rencontrer des gouffres prêts à m'engloutir
et des courants capables de me renverser et de me
lancer contre les rochers énormes qui se dressaient au milieu du torrent. La main de ma divine protectrice me conduisit heureusement au
milieu des obstacles et me remit sain et sauf sur
le bord opposé. J'en fus quitte pour un bain d'eau
glacée dont toutes les suites ont été d'augmenter
encore mon inébranlable confiance en Marie.

Oui, ma tendre Mère, avec vous, lors même
que je marcherais au milieu des ombres de la
mort, je ne craindrais pas : *Et si ambulavero in
medio umbræ mortis, non timebo mala, quoniam tu
mecum es.*

Le danger était passé, mais la position n'en
était pas moins embarrassante. Je me trouvais en
face d'une montagne sur les flancs de laquelle
étaient tracés deux sentiers allant dans des directions tout à fait opposées. Je remis la solution de
cette difficulté au sort, qui me désigna le sentier
le plus fait, à mon avis, pour m'écarter de ma
route. Je le pris néanmoins et me résignai à le
gravir jusqu'au bout. La nuit me surprit dans
cette hasardeuse entreprise, et avec la nuit le ciel
se couvrait de sombres nuages, et l'on entendait
les sourds grondements d'un orage lointain. Où

étais-je ? Que devenir au milieu de ces montagnes désolées ? la proie des loups, des précipices ou de la faim ? Tant que mes yeux purent distinguer le sentier, je continuai de marcher jusqu'à ce qu'enfin la Providence me fit rencontrer un montagnard qui débouchait de quelque autre sentier détourné et se rendait à Corps. Je me mis à sa suite, et au bout d'une heure, c'est-à-dire vers neuf heures du soir, j'arrivai à ce bourg si désiré, après une demi-journée de marche, d'angoisses et de fatigue.

En terminant ce trop long récit, je n'ajouterai qu'une phrase écrite par une main pieuse sur le registre des pèlerins et qui résumera parfaitement ma pensée :

En montant, je croyais au miracle de la Salette ; en descendant, j'en étais sûr.

VISITE

A

NOTRE-DAME D'AFRIQUE

Salus Africæ!

I

Longtemps encore après avoir perdu de vue les côtes de France, le voyageur, qui franchit la Méditerranée pour se rendre en Afrique, aperçoit à travers les brumes de l'horizon l'image vénérée de Notre-Dame de la Garde qui semble planer au-dessus des flots. La traversée accomplie, lorsque les collines du rivage africain commencent à se dessiner dans le lointain, un point blanc semble s'en détacher et se perdre dans l'azur du ciel.

Bientôt après on distingue une gracieuse coupole byzantine que surmonte une croix élancée et légère. C'est Notre-Dame d'Afrique. C'est Marie qui sourit à l'arrivée comme elle a souri au départ. C'est Marie qui domine en souveraine d'une rive à l'autre de la Méditerranée, établissant un lien de foi et d'amour entre notre vieille France catholique et cette ancienne église d'Afrique qui semble renaître de ses cendres pour ne plus mourir. *Resurgens, non moritur.*

Le samedi, 5 septembre de l'année 1874, je partis d'Alger, à la pointe du jour, pour me rendre à ce célèbre pèlerinage. Après avoir traversé le jardin du Dey, le quartier *Babel-Oued* et rejoint la route de Saint-Eugène, on arrive à peu près à 1 kilomètre d'Alger, en face de la fameuse Koubba de *Sidi-Iacoub*, à un lieu appelé *Seba-Aïn* (sept-fontaines), pèlerinage très fréquenté par les musulmans.

Chaque mercredi matin arrivent de toutes parts à *Seba-Aïn* de nombreuses caravanes d'Arabes à pied, à âne, à chameaux ou à mulets, suivis de serviteurs portant des poules et conduisant des moutons. Ils vont ainsi invoquer ou conjurer les génies des sept fontaines par l'intermédiaire des *Guezzanates*, sorcières négresses diseuses de bonne ou de mauvaise aventure. Ces sorcières allument un réchaud où elles font brûler des grains d'encens, égorgent les poules à moitié, puis les lancent du côté de la mer. Si les poules parviennent jusqu'à la mer, les désirs et les vœux des suppliants seront exaucés; si au contraire elles expirent sur le rivage, ce qui arrive le plus souvent, le sacrifice n'a pas été agréé par les bons génies des fontaines, et l'expérience devra recommencer la fois prochaine, à la grande satisfaction de la négresse qui bénéficie de toutes les poules égorgées. Les familles riches immolent des moutons.

C'est au-dessus de ce lieu de superstition musulmane, au sommet du plateau du *Bouzaréa* qui ouvre la vallée des Consuls, que s'élève la chapelle de Notre-Dame d'Afrique. Pour s'y rendre, il faut gravir presque à pic les cimetières européen et juif qui sont en face du fort turc d'*Ali-Pacha*.

La montée est rude et fatigante, mais comme on est dédommagé de sa peine! J'ai visité bien des sanctuaires, contemplé bien des panoramas, mais j'avoue que je ne me suis jamais senti aussi profondément ravi, aussi vivement ému que par le spectacle magnifique et grandiose qui s'offrit à mes regards des hauteurs de Notre-Dame d'Afrique. Je n'entreprendrai point de peindre un pareil tableau, lorsque Sa Grandeur Mgr Pavy, qui l'a étudié dans tous ses détails, nous en a laissé une description si gracieuse et si vraie :

« En face et à gauche, la mer, constamment sillonnée de blanches voiles ou labourée par les bateaux à vapeur, s'étend sans limites, tandis qu'à droite elle décrit mollement les plus gracieux contours, au pied du rocher de Géronimo, du faubourg Babel-Oued, du phare de la ville d'Alger, du faubourg de Bab-Azoun, de la baie de Mustapha, de la Maison-Carrée, du Fort de l'Eau, du cap Matifou, de la côte de Dellys, et fuit vers celle de Bougie.

« Par delà les flots, par delà ces groupes immenses des habitations de la ville et cette foule de fraîches maisons qui éclatent au loin sur le rivage, la Métidja déroule une partie de sa longue plaine, déjà couverte de villages, de hameaux et de moissons, immense tableau qu'encadrent d'un côté la mer, et de l'autre, les premières crêtes de l'Atlas.

« Au fond se dressent, autrefois menaçants, soumis aujourd'hui, les pics audacieux de la Kabylie, et au-dessus d'eux, plus fier qu'eux, notre Mont-Blanc, à nous, le Djurjura, aux cimes raides et neigeuses.

« Ramenez vos regards et plongez-les au bas de la colline ; là serpente, le long des récifs presque toujours blanchis d'écume, la route de la mer, et un peu à gauche, le riant village de Saint-Eugène baigne ses pieds dans les flots et se couvre de naissants ombrages.

« Retournez-vous ; la vue remonte et contemple avec ravissement ce beau diadème de montagnes qui couronne la chapelle, comme était couronnée l'antique Sion, et sur leurs pentes abruptes, une foule de villas, les unes attachées comme des aires d'aigle aux flancs des rochers, les autres parsemées comme des nids de colombes au milieu de la verdure des champs ou parmi le feuillage des arbres, et enfin le Petit-Séminaire, autrefois le consulat de France, avec l'ineffaçable souvenir de la conquête et sa luxuriante végétation ; animez ce tableau des premières lueurs du matin, remplissez-le des souvenirs du passé, des œuvres du présent et des légitimes espérances de l'avenir, et vous sentirez votre âme s'élever instinctivement vers l'auteur de tant de merveilles. »

Lorsque Mgr Pavy écrivait ces lignes, le sanctuaire de N.-D. d'Afrique n'était encore qu'en projet, c'est pourquoi il ajoute : « Plus tard, quand vous verrez, sous notre ciel si profond et si bleu, rayonner dans les airs et ruisseler des torrents de la plus vive lumière une élégante coupole, vous comprendrez pourquoi nous avons donné un tel piédestal au trône de la Reine des cieux. Ils le comprendront mieux encore ceux qui naviguent à travers les périls des flots, quand la sainte chapelle, ouverte à tous les points de l'horizon, sera le premier objet qui frappera leurs regards en arrivant à Alger, et le dernier qu'ils salueront en s'éloignant de la terre d'Afrique. »

La première pensée de construire une chapelle à Marie sur les hauteurs d'Alger avait été conçue par le cœur ardent et généreux de Mgr Dupuch, auprès de Notre-Dame de Fourvières; mais les ressources du saint évêque étaient loin de répondre aux exigences de son inépuisable charité, et il mourut avant d'avoir pu réaliser son désir.

La divine Providence réservait à son digne successeur, Mgr Pavy, né et élevé au pied même du château que domine l'antique et célèbre pèlerinage lyonnais, l'honneur et la joie d'entreprendre, de diriger et de réaliser cette œuvre si éminemment catholique et française, et de transporter, comme il le dit lui-même, un autre Fourvières auprès d'Alger.

Le 20 septembre 1857, Sa Grandeur bénissait solennellement, en présence du clergé africain, une chapelle provisoire qui devint immédiatement le pieux rendez-vous de fréquents pèlerinages et le lieu de prédilection où la Reine du ciel se plut à prodiguer ses grâces et ses bienfaits. On y vénérait une statue en bronze de la *Vierge fidèle,* offerte en 1840 à Mgr Dupuch par les enfants de Marie du Sacré-Cœur, à Lyon. Quelques années plus tard, grâce aux généreuses souscriptions des fidèles de France et d'Algérie, s'élevait le magnifique édifice dont on voit aujourd'hui, bien loin au milieu des flots, l'élégante coupole scintiller sous les rayons éclatants du soleil d'Afrique.

II

L'Algérie possédait déjà plusieurs sanctuaires élevés en l'honneur de Marie. Mgr Dupuch avait eu à cœur de consacrer à Celle que nous saluons sous le titre de Reine de la France chacune de nos étapes victorieuses sur cette terre barbare. La Koubba de Sidi-Ferruch, où nos troupes avaient débarqué, fut dédiée à *Notre-Dame de la Délivrance;* la plaine de Staouëly, témoin de la déroute complète des Arabes et triomphe définitif de la civilisation sur la barbarie, à *Notre-Dame de la Trappe;* les sommets d'El-Biar, d'où notre artillerie nous ouvrit les portes d'Alger, à *Notre-Dame du Carmel;* et enfin Alger, où nous entrâmes vainqueurs le 5 juillet 1830, à *Notre-Dame des Victoires.*

Plus tard nos conquêtes s'étendirent; les provinces de Constantine et d'Oran tombèrent en notre pouvoir, et la domination française n'eut plus d'autres limites que les déserts inaccessibles et inhabités du Sahara. Il fallait alors un nouveau sanctuaire qui, par son nom et son importance, résumât tous les autres et qui fût digne de la France : ce fut Notre-Dame d'Afrique qui, selon l'expression même de son pieux fondateur, devint un trophée de reconnaissance pour le passé, une solennelle manifestation de foi pour le présent et un gage assuré de confiance pour l'avenir.

Aucune autre ville n'avait autant de titres qu'Alger à posséder ce sanctuaire national, car nulle part ailleurs la barbarie n'exerça d'aussi grandes cruautés contre les esclaves chrétiens et ne fit couler leur sang en aussi grande abondance. Les villes de Tripoli, de Tunis et de Tanger, ces repaires de forbans et de pirates, n'étaient que les succursales d'Alger qui les surpassait toutes par le nombre de ses victimes et par l'atrocité des tortures qu'elle leur faisait subir.

Jetons un voile sur ces six siècles d'horreurs et d'infamies, honte de l'humanité et de l'histoire, qui ont pesé sur la chrétienté tout entière. Là où le crime a abondé, la miséricorde a surabondé, et dans les parages de servitude et de mort, d'où naguère encore les navires chrétiens n'appro-

chaient qu'en tremblant, brille au loin, aux
regards de matelots en détresse, à travers les
flots courroucés de la Méditerranée, *l'étoile de la
mer*, gage de confiance et d'amour.

Viendra peut-être le jour où, grâce à la protection de Marie, ces terres, jadis fidèles et arrosées
du sang de tant de martyrs, secouant le joug
honteux de l'Islamisme, renaîtront à l'antique
foi catholique pour ne la plus quitter. C'est la
seule vengeance, dit Mgr Pavy, que nous récla-
mons de tant d'or extorqué, de tant de terreurs
sur la terre et sur la mer, de tant d'opprobres, de
tant de persécutions et de tant de sang versé en
haine du nom chrétien.

C'est l'esprit rempli de ces pensées et le cœur
vivement ému par tous ces souvenirs, que j'arrivai au célèbre sanctuaire où j'eus le bonheur de
célébrer le saint-sacrifice de la messe. Chaque fois
que je me tournais vers les fidèles, mes regards,
à travers la grande porte entr'ouverte, plongeaient au loin sur la mer dont le murmure arrivait jusqu'à nous et dont les flots resplendis-
saient sous les feux du soleil. C'était comme une
vision et un écho de tous les siècles de gloire et
d'ignominie de l'Afrique chrétienne et musulmane. Oh ! comme je priais avec ferveur pour
cette vieille patrie des Cypriens et des Augus-
tins, et pour la France qui s'est donné la noble

mission de la conquérir à la civilisation et à la foi !

Après la messe, je visitai l'humble maison des Missionnaires du Sahara et du Soudan, gardiens du sanctuaire de Notre-Dame d'Afrique. Les *Pères Blancs*, fondés par Mgr Lavigerie, se dévouent tout entiers à l'œuvre africaine, et pour se rendre plus accessibles aux Arabes, ils en adoptent la langue, le costume et les usages. Ils se privent de vin, couchent sur une natte de roseaux, se nourrissent de kouskoussou, en un mot, à l'exemple de saint Paul, ils se font *tout à tous* pour gagner les âmes à Jésus-Christ. A peine fondés et institués ils se multiplient pour suffire aux nombreuses et importantes œuvres que l'infatigable archevêque d'Alger a partout établies dans son immense diocèse. C'est ainsi qu'on les rencontre au milieu des tribus kabyles du Jurjura, se consumant dans les humbles et obscures fonctions d'instituteurs de la jeunesse et de gardes-malades, dans les déserts brûlants du Sahara et sur la route du Soudan à Tombouctou, au risque d'être massacrés par les Touaregs ou dévorés par les bêtes féroces. Ce sont eux aussi qui dirigent les colonies agricoles de la Maison-Carrée et des Attaf, donnant aux nombreux orphelins qui y résident l'exemple de la régularité et du travail.

Après le déjeuner que les bons Pères m'offrirent avec l'affabilité et la cordialité qui les caractérisent, l'un d'entre eux voulut m'accompagner, par un délicieux chemin bordé de lentisques, de cactus et d'aloès, jusqu'au petit séminaire de Saint-Eugène où, sous la direction paternelle et dévouée de ces mêmes religieux, sont élevés une centaine de petits orphelins arabes recueillis et entretenus par l'inépuisable charité du digne successeur de Mgr Dupuch et de Mgr Pavy.

Je visitai avec le plus vif intérêt les cellules où les Pères et les enfants couchent sur de pauvres nattes, la cour où, sous un soleil ardent et un nuage de poussière, ces chers petits Arabes prenaient leurs joyeux ébats, et les travaux de la nouvelle chapelle de l'établissement.

C'est là le lieu de prédilection de Mgr l'archevêque d'Alger ; c'est là, au milieu de ces chers orphelins dont il se montre véritablement le père, que dans une modeste et charmante villa, ancienne résidence des consuls de France, il vient de temps à autre donner un repos bien mérité à sa santé altérée par les rigueurs du climat africain et plus encore par les fatigues incessantes de son laborieux ministère.

Le Révérend Père supérieur, malgré la chaleur déjà insupportable à cette heure de la journée, me conduisit lui-même jusqu'au village de

Saint-Eugène situé au bas de la montagne, d'où je retournai prosaïquement à Alger par l'omnibus qui suit les bords de la mer.

En passant, je jetai, des regards et du cœur, un dernier adieu à Notre-Dame d'Afrique qui depuis cette époque a eu elle aussi, comme Fourvières, La Salette, Lourdes et les principaux sanctuaires, son jour de gloire et de triomphe. Il était donné à Mgr Lavigerie de donner à l'œuvre de ses prédécesseurs la dernière main et une solennelle consécration.

Le dimanche, 30 avril, le vénérable prélat, accompagné de Mgr l'évêque de Constantine et du R. P. abbé de la Trappe de Staouëly, présidait la splendide cérémonie du couronnement de la statue de *la Vierge fidèle*, en présence de presque tout le clergé d'Afrique, des missionnaire chargés de la garde du sanctuaire, des Pères lazaristes de Koubba et d'une foule innombrable accourue de tous les points de l'Algérie. « Qu'il était beau, dit un des témoins de la fête, de voir sur cette colline dominant la ville et la mer, ces phalanges de prêtres, de marins, de soldats, de fidèles ! Les Français, les Espagnols, les Italiens, les Maltais faisaient tour à tour entendre leurs chants à Marie, et toutes les langues différentes s'accordaient et se comprenaient ; il y avait une seule âme et un même cœur. »

Il fut grand pour la France et pour l'Afrique ce jour où, après quatorze siècles de barbarie, Marie reprenait solennellement possession de son empire et voyait se réaliser à la lettre, sur les hauteurs du Bouzaréa, les prophétiques paroles qui s'échappèrent autrefois de ses lèvres virginales :

Voici que toutes les générations me diront bienheureuse.

DEUX JOURS

A

LA TRAPPE DE STAOUELI

(ALGÉRIE)

> S'il est dur de vivre à la Trappe, qu'il
> est doux d'y mourir.. !
> (Recueilli sur les murs d'une cellule.)

I

J'ai visité en France les Trappes de la Meilleraie, Bellefontaine et plusieurs autres ; le souvenir que j'en ai gardé est sans contredit un des meilleurs qu'il m'ait été donné de recueillir dans mes divers voyages ; mais les quelques jours que j'ai passés à la Trappe de Staouëli compteront

parmi les plus ineffaçables et les plus douces
journées de ma vie.

Que de souvenirs touchants et glorieux se rattachent à ces lieux où fut remporté un des plus
mémorables triomphes des temps modernes, le
triomphe de la croix de Jésus-Christ sur le croissant du Prophète, le triomphe de la civilisation
chrétienne sur la barbarie musulmane !

La route qui conduit d'Alger à Staouëli est on
ne peut plus accidentée et pittoresque. Après
avoir traversé par une rampe excessivement rapide les quartiers arabes qui ne sont pas les
moins curieux, elle passe devant la Kasbah d'où
la vue embrasse toute la ville et s'étend au loin
sur la mer, puis auprès du Fort de l'Empereur,
où le général Bourmont reçut la capitulation du
dey d'Ager. La montée continue jusqu'au charmant village d'El-Biar (le puits), le rival de
Mustapha par ses nombreuses villas et sa végétation luxuriante. C'est là que se trouve la maison.
du *Bon-Pasteur*, ouverte au repentir des femmes
et des jeunes filles qui viennent y réparer dans la
solitude et la prière les désordres de leur vie
passée. Le village de Chéragas est le second que
l'on rencontre et auquel on arrive, entre deux
haies touffues d'oliviers, d'aloès, de cactus et de
jujubiers qui bordent d'anciens *haouchs* arabes devenus aujourd'hui d'élégantes fermes françaises.

A quelque distance de Chéragas, on voit blanchir, à travers un bosquet de palmiers et de lauriers-roses, la Koubba de *Sidi-Kalef* où se livra, le 24 juin 1830, le combat qui suivit la bataille de Staouëli. C'est là que le jeune Amédée de Bourmont, fils du général, fut atteint par une balle et tué au moment où, ardent et intrépide, il s'élançait contre l'ennemi.

Nous entrâmes ensuite dans une immense plaine, au milieu de laquelle se détachait le monastère de la Trappe, comme une île verdoyante au milieu de l'océan. Cette plaine, aujourd'hui fertile grâce aux soins des infatigables religieux qui la cultivent, fut naguère le témoin de la bravoure de nos meilleurs soldats, et arrosée de leur sang.

J'étais parti d'Alger le matin, à 6 heures; il était dix heures quand je frappai à la porte de la Trappe de Staouëli.

Après avoir franchi la porte d'entrée et l'avant-corps de logis interdit aux femmes, je pénétrai dans une cour où s'élève un groupe de superbes palmiers, issus d'une même souche, dont les palmes élancées forment un gracieux dôme de verdure au-dessus d'une blanche statue de la Sainte Vierge, vénérée sous le nom de Notre-Dame de Staouëli. Au bas de la statue, je lus cette inscription si simple, qui dans deux mots résume le

passé et garantit l'avenir de l'Algérie : *Salus Africæ* : Salut de l'Afrique. Aucune dénomination ne
pouvait davantage, ni mieux convenir à Marie.
N'est-ce pas elle en effet qui a veillé pendant six
cents ans sur cette terre barbare, en inspirant la
création des admirables instituts de la Trinité et
de Notre-Dame de la Merci, voués au rachat et
au soulagement de esclaves chrétiens capturés
par les pirates sur toutes les mers de l'Europe ?
N'a-t-elle pas aussi visiblement protégé nos armes,
en leur assurant la victoire complète sur l'Islamisme et la barbarie ? Elle poursuivra jusqu'au
bout son œuvre de régénération et de salut, et
par elle, l'Afrique redeviendra digne de ses illustres évêques et de ses nombreux martyrs. *Salus
Africæ !*

C'est à l'ombre de ces mêmes palmiers qui abritent aujourd'hui l'image de Marie que le bey de
Constantine avait établi sa tente dont la magni-
ficence tout orientale étonnait l'armée française.

II

En conquérant l'Algérie, la France n'avait rempli qu'une partie de la noble tâche qu'elle s'était

imposée ; la partie la plus difficile de cette tâche lui restait à accomplir, c'était de coloniser et de fertiliser ce pays laissé inculte depuis tant de siècles par les hôtes barbares qui l'occupaient. Le gouvernement comprit qu'il lui serait impossible de rien créer de durable et de solide sans le concours de la religion, et que la nouvelle colonie cesserait bientôt d'être française si avant tout elle n'était pas chrétienne.

Un clergé composé de prêtres dévoués s'était groupé autour de Mgr Dupuch, et s'efforçait de son mieux, par la prédication et par l'exemple, de moraliser cette population hétérogène et suspecte accourue de toutes les contrées de l'Europe pour répondre à l'appel de la France. Des églises avaient été bâties, des écoles et des hôpitaux avaient été fondés ; mais ces moyens étaient loin d'être suffisants ; il fallait encore mettre en honneur l'agriculture et inspirer à ces hordes errantes, avec l'amour du foyer domestique, l'amour du travail, source de bien-être et de moralité. La tâche était rude ; il fallait pour l'entreprendre des hommes intrépides et décidés au besoin à mourir à la peine, comme la religion seule sait en fournir ; c'est à elle que l'on eut recours, en s'adressant au R. P. abbé de la Trappe, qui lui aussi de son côté avait reçu d'en haut l'inspiration de fonder un établissement en Algérie.

Le 10 août 1843, le R. P. François Régis, religieux de la Trappe d'Aiguebelle, nommé supérieur de Staouëli, s'embarquait à Toulon, à bord de l'*Etna*, accompagné d'un seul religieux, le P. Gabriel. Le 12, après cinquante heures de traversée, ils arrivaient à Alger où les autorités civiles, religieuses et militaires leur firent le meilleur accueil. Le 20 août, fête de saint Bernard, un des principaux patrons de leur ordre, les deux intrépides religieux partaient d'Alger, à pieds, pour se rendre à leur nouvelle résidence où tout était à créer, même la maison qui les devait abriter.

Plusieurs ecclésiastiques d'Alger voulurent accompagner ces bons pères et faire partie de l'excursion. Le voyage ne fut pas sans fatigue, ni sans incidents, comme on pourra en juger par le récit de l'un des membres de cette petite caravane :

« Connaissant à peine Staouëli, nous n'étions pas encore familiarisés avec les sentiers que nous devions parcourir. A l'approche de la nuit, nous hésitons, et bientôt nous reconnaissons avoir perdu la voie, car nous ne découvrions ni la redoute, ni le blockaus où l'on devait camper... En attendant la marche devenait difficile, car dans les intervalles, entre les touffes de palmiers-nains, la terre était sillonnée par de profondes crevasses dans lesquelles les bêtes de somme couraient risque de s'enfoncer. Pour ne pas nous exposer à tomber dans quelques ravins profonds, nous dûmes camper en cet endroit. Aussitôt on décharge les bagages, on attache les animaux tout autour, et les hommes, enveloppés dans leurs manteaux, se disposent à prendre leur sommeil.

« Peu rassurés sur la sécurité du pays, nous n'osâmes pas allumer du feu, dans la crainte d'être découverts. La nuit était belle ; tout à coup une légion de chacals arrive sur nous au pas de charge et semble vouloir nous disputer le poste, en poussant des cris perçants comme auraient fait un millier d'enfants criant après leurs nourrices. Heureusement un des voyageurs, armé d'un fusil, montait la garde autour du camp. Nous ne laissâmes pas d'avoir une certaine peur ; car nous n'avions jamais entendu pareille musique.

« Quand le jour fut arrivé, nous ne tardâmes pas à reconnaître les chemins et les lieux. Après la ferme de Sidi-Kalef, nous reconnûmes très-bien et les palmiers et le blockaus, nous nous mîmes en route de bonne heure, et au lever du soleil nous étions arrivés. »

Au milieu d'un petit plateau, sur le courant d'une belle source, s'élevait un antique palmier. Sous ses rameaux tutélaires on improvisa un autel champêtre ; la voûte des cieux lui servit de tenture, des tronçons de palmes brisées tinrent lieu de chandeliers. Muni des pouvoirs nécessaires, le R. P. Régis aspergea d'eau bénite ce lieu désert, célébra le saint sacrifice et consacra au Seigneur les prémices de la fondation.

C'était le premier acte religieux au milieu de ce désert de Staouëli, où le nom du vrai Dieu n'avait cessé de retentir depuis les beaux jours de l'église d'Afrique, c'est-à-dire depuis quatorze cents ans. Les travaux commencèrent le lendemain de cette mémorable journée, et, le 14 septembre 1843, on put procéder à la pose de la première pierre que l'on plaça sur un lit de boulets recueillis sur le champ de bataille. Deux ans après, Mgr l'évêque d'Alger, assisté de son clergé et entouré des principaux chefs militaires et civils de la colonie, venait bénir le monastère et consacrer l'église qui était le couronnement de l'œuvre.

Pendant les deux années que durèrent les travaux, que de souffrances n'eurent pas à endurer ces pauvres religieux dont le nombre s'était élevé à quatorze ! Ils logeaient dans de misérables baraques de planches impuissantes à les défendre contre le froid humide de la nuit et les chaleurs intolérables de la journée. Ce logement leur était commun avec une cinquantaine de condamnés militaires que le maréchal Bugeaud, gouverneur de la colonie, leur avait donnés pour aides, et avec les animaux de toutes sortes, bœufs, ânes, moutons, chameaux qu'il était impossible de caser ailleurs. Privation de sommeil, nourriture insuffisante, règle austère, travail pénible et incessant, ardeurs dévorantes du climat, miasmes délétères qui se dégageaient d'un sol remué pour la première fois, tout contribuait à ruiner les tempéraments même les plus vigoureux. Aussi des fièvres malignes se déclarèrent, et au bout de quelques mois seulement, dix religieux sur quatorze avaient payé de leur vie cet excès de charité et de dévouement.

Grâce à l'infatigable activité du R. P. Régis et aux efforts constants de ses religieux, le désert de Staouëli est devenu aujourd'hui une plaine fertile. Une abbaye, trois fermes, des ateliers pour tous les travaux, un moulin à farine, un superbe et nombreux bétail, de magnifiques plantations d'arbres européens et indigènes, les cultures les plus diverses, vignes en plein rapport, champ de géraniums, etc., voilà le coup d'œil qu'offre aux visiteurs actuels cette colonie agricole qui contient onze cents hectares couverts autrefois de broussailles, de palmiers-nains et de jujubiers sauvages, retraite impénétrable des hyènes, des chats-tigres et des panthères.

Outre cette transformation rapide et merveilleuse d'une contrée inhospitalière, malsaine et aride en prairies verdoyantes, en potagers admirables, en superbes vergers et en jardins délicieux la présence des **PP.** trappistes exerça et exerce toujours sur les colons européens et sur les tribus indigènes une salutaire influence par le continuel et sublime exemple d'une résignation, d'une patience, d'une activité et d'une charité à toute épreuve. Aussi les Arabes sont-ils pleins de respect, de vénération et de confiance pour les *marabouts* de Staouëli. C'est à eux qu'ils s'adressent de préférence pour leurs divers achats et leurs ventes, assurés de n'être pas trompés. Ces bons pères sont en outre la Providence de tout le pays.

Honneur donc et reconnaissance à ces hommes admirables auxquels la France et la religion sont redevables de tant de services signalés, et qui méritent à juste titre d'être appelés les premiers pionniers de la colonisation algérienne.

III

Après l'intérieur du monastère, chapelle, réfectoire, dortoirs, cloîtres, cellules où cette touchante pauvreté commune à toutes les Trappes brille à Staouëli encore plus qu'ailleurs, ma première visite fut pour le cimetière qui se trouve à cinq minutes de l'abbaye.

Les premiers défrichements furent rudes, je dirai même au-dessus des forces humaines. Maintenant encore, bien que le pays soit assaini, l'entretien d'un si vaste domaine par si peu de bras impose aux trappistes, sous un ciel de feu, des fatigues excessives auxquelles la plupart succombent au bout de quelques années. C'est pourquoi le cimetière, béaucoup trop grand relativement à la population restreinte du couvent, est déjà rempli après trente années. Les tombes y sont à l'étroit et pressées les unes contre les autres. Le visiteur a peine de trouver une place où il puisse poser ses pieds.

Quand je m'agenouillai auprès de la grande croix, la pensée ne me vint pas de prier pour ces morts ; instinctivement j'implorai leur intercession pour moi, pour les miens, pour tous ceux que j'aime ici-bas. Chacune de ces tombes ne renfermait-elle pas les restes d'un martyr ? Tous ces hommes jeunes et vaillants qui ont fécondé ce sol ingrat de leurs sueurs et de leurs larmes, et qui sont morts à la peine, loin de leur pays, de leur famille et en proie à des privations de toutes sortes, ne sont-ils pas doublement martyrs et de la civilisation et de la foi ? Les fers et le glaive n'auraient pas rendu plus glorieux leurs membres usés au service de l'Église et de la patrie. Ils savent maintenant par expérience la vérité de ces consolantes paroles inscrites sur les murs de leurs cellules : *S'il est dur de vivre à la Trappe, il est doux d'y mourir !* Je sortis du cimetière profondément impressionné, au son de la cloche du couvent qui tintait l'*Angelus* de midi et appelait les étrangers au dîner.

Nous nous trouvâmes quatre à table, deux curés voisins venus pour affaires, un prêtre de France, qui devait entrer le soir même au noviciat, et moi. Le dîner fut simple et frugal, mais copieux et bien préparé. Ces excellents religieux pratiquent, au plus haut degré, la vertu de l'hospitalité ; tandis qu'ils se privent peut-être même du nécessaire, ils réservent leurs meilleurs légumes et leurs plus beaux fruits pour leurs hôtes, sans jamais réclamer aucune rétribution.

Le bon frère hôtelier qui nous servait, si connu de tout le clergé africain sous le nom de frère Joseph, était d'une gaieté et d'un entrain vraiment admirables. Il nous assurait pourtant que sa plus plus grande pénitence était d'être obligé de parler avec les étrangers et qu'il lui tardait d'être relevé de ses fonctions d'hôtelier et de rentrer dans la vie solitaire et commune.

Après le dîner et la sieste qui, sous un tel climat, en est le complément obligé, je visitai la ferme principale, grand carré de 60 mètres, avec son immense matériel et ses nombreux troupeaux, les divers ateliers de forge, de menuiserie, de boulangerie, de tannerie, de distillerie, de photographie, etc., puis l'orangerie, la fameuse plantation de géraniums dont l'essence est le principal revenu du monastère, les vignes, le verger, et enfin, par un chemin bordé de caroubiers, de mûriers et muni d'une double haie de cactus et d'aloès, je me dirigeai vers les dunes qui dominent la mer. J'arrivai bientôt au sommet du plateau le plus élevé, couvert de broussailles et de palmiers-nains, et là, assis sur un rocher, je me mis à contempler le splendide panorama qui se déroulait sous mes yeux. Le soleil, sur le point de disparaître à l'horizon, donnait à la nature et aux objets cette teinte douce et mélancolique qui la revêt de tant de charmes et de poésie.

Au loin, sur la côte de Chercheld, se dressait, comme un fantôme gigantesque, *le tombeau de la Chrétienne*, immense tour de pierres qui rappelle de pieux et lointains souvenirs ; en face, à peu de distance, la pointe de *Sidi-Ferruch* surmontée de son nouveau fort et de son antique marabout converti aujourd'hui en chapelle dédiée à Notre-Dame de la Délivrance, en mémoire de l'heureux débarquement des troupes françaises sur cette presqu'île déserte, le 14 juin 1830. Tout près de moi, à deux kilomètres à peine, le petit village de Staouëli, annexe de Chéragas, avec ses blanches fermes de colons, et les gourbis de quelques tribus arabes, à moitié cachés dans une enceinte de figuiers et de cactus. Puis la mer, la mer sans limites, la mer bleue qui se dorait des derniers rayons du soleil couchant, sillonnée par de petites barques de pêcheurs qui se hâtent de regagner la côte avant la nuit.

Que de souvenirs se réveillaient dans mon âme, à la vue de toutes ces choses ! Souvenirs religieux de l'ancienne Mauritanie, souvenirs de honte des États barbaresques, souvenirs de gloire de la moderne Algérie.

Je fus tout à coup tiré de ma rêverie par des cris qui partaient du côté du monastère. Je me retournai et aperçus, dans la demi-obscurité du crépuscule, un religieux qui se dirigeait en toute hâte de mon côté et me faisait les signes les plus impératifs de revenir au plus tôt. Je repris donc, à grands pas, le chemin de l'abbaye et je rejoignis bientôt le religieux qui me dit d'un ton presque courroucé :

— A quoi pensez-vous donc ? On voit bien que

vous ne connaissez pas le pays. Le plateau où vous étiez est infesté de panthères qui commencent à rôder dans la campagne, à cette heure-ci ; vous l'avez échappé belle.

Je remerciai cet excellent homme et lui demandai quelques renseignements, mais il me fit signe qu'il ne pouvait pas me répondre, et nous nous rendîmes en silence au couvent où le bon frère Joseph m'attendait pour le souper. J'étais seul ; les deux curés étaient partis, et le prêtre français était entré au noviciat.

Après la prière et le *Salve, Regina*, je rentrai, le corps harrassé de fatigue et l'âme pleine d'émotions, dans ma petite cellule où je ne tardai pas à m'endormir, malgré la chaleur, les moustiques, les cris des chacals et des crapauds auxquels se mêlaient de temps à autre certaines notes plus accentuées et inconnues que j'attribuai tout naturellement aux hyènes et aux panthères.

Pendant que je dormais paisiblement, bercé par les songes les plus divers et par les mystérieuses voix de la nuit, il se passait tout près de moi un drame que je vais raconter.

A quelque distance de Staouëli se trouve un ravin solitaire et désolé que les colons et les indigènes appellent, non sans raison, le *ravin des voleurs*. Ce ravin est célèbre dans toute la contrée par les nombreuses arrestations et les assassinats dont il est le muet témoin.

Le matin même du jour où j'arrivai à la Trappe, nous rencontrâmes un *marabout* français à cheval. C'était M. le curé de Zéralda qui allait visiter son confrère de Chéragas et passer chez lui la journée. Le soir, à la tombée de la nuit, il fallut songer au retour. En vain le curé de Chéragas représentait à son ami le danger d'une pareille route entreprise, la nuit, dans un pays solitaire et sauvage, et le passage si redoutable du ravin des voleurs; le curé de Zéralda voulut partir à tout prix.

— J'ai un bon cheval et un bon poignet, disait-il; prêtez-moi une grosse canne; et je me charge d'arriver sans encombre.

Sur ce, il partit. La nuit était déjà close.

La distance de Chéragas à Zéralda est d'environ 14 kilomètres.

Le bon curé s'en allait donc comptant sur la vitesse de son cheval, la force de son poignet, l'aide de son bâton et surtout sur la divine Providence. Le ravin des voleurs était à peu près aux deux tiers de la route, et ce n'était pas sans quelque appréhension que notre voyageur y arrivait.

Il pouvait être neuf heures du soir.

Les nuits sont toujours belles en Afrique; mais là, comme ailleurs, lorsque la lune ne brille pas, elles sont obscures. Or, ce soir-là, comme la lune ne brillait pas, le curé n'aperçut pas à quelque distance au-devant de lui deux individus de mauvaise mine qui, au bruit du trot d'un cheval, se blottirent dans le fossé qui borde la route.

Au moment où le cavalier allait passer, ces deux misérables s'élancèrent au-devant du cheval et lui barrèrent le chemin. L'animal surpris se cabra et s'arrêta court. Aussitôt un des deux brigands le saisit par la bride, et l'autre, s'adressant au voyageur, lui dit :

— Descends aussitôt et vide tes poches, autrement tu es mort.

Il n'y avait pas à répliquer. Le curé descendit, tira son porte-monnaie de sa poche et le laissa tomber à terre, comme par mégarde. Le brigand se baissa pour le ramasser, mais il n'eut ni le temps, ni l'envie de se relever ; d'un coup bien asséné de son gros bâton, le prêtre l'avait étendu sur le sol. L'autre brigand effrayé, voyant qu'il avait affaire à forte partie, se hâta d'escalader le fossé et de disparaître dans la profondeur du ravin. Le cheval, devenu libre, s'emballa sans attendre son maître qui, sans prendre le temps de ramasser son porte-monnaie, peu garni du reste, se mit à courir dans la direction de Zéralda.

Il y arriva vers dix heures. Son cheval l'y attendait depuis longtemps.

Telle est l'histoire qui me fut racontée le sur-lendemain, à mon déjeuner, par un habitant même de Zéralda. Je n'eus rien de plus pressé que de me rendre au ravin des voleurs ; je n'y trouvai qu'un pauvre Arabe poussant devant lui son âne et qui, en me voyant, porta la main à son cœur, puis à ses lèvres en signe de vénération. *Les heures se suivent et ne se ressemblent pas.*

Je revins au monastère, et après dîner, je pris congé, à regret, des bons pères trappistes et du frère Joseph, pour me diriger vers Koléah *la Sainte*, pour de là me rendre à Blidah, puis au ruisseau des Singes et aux gorges de la Chiffa, au sein des montagnes de l'Atlas.

UNE NUIT

DANS

LES CÉVENNES

I

La nuit tombait et commençait à couvrir les hautes montagnes. Les cloches du petit village de N*** s'agitaient dans les airs, et leur son répété appelait les fidèles à l'exercice de la mission. Par les chemins et les sentiers, hommes, femmes et enfants accouraient en foule au sermon du soir. Bientôt la modeste église se trouva pleine, comme, dans nos paroisses, aux jours des grandes solennités. Ceux de nos lecteurs qui connaissent les habitudes religieuses et la piété des montagnards ne s'étonneront pas de mes paroles. J'ai été élevé dans cette partie des Cévennes qui traverse le département de la Loire, et j'ai pu me convaincre que la religion est en grand honneur chez ces peuples bons et simples, qui, par leur position, n'ont pas encore subi la funeste influence de notre civilisation moderne. Dans ces contrées toujours neuves où la foi s'est conservée les neiges, les pluies, les glaces, les précipices, les marches longues et fatigantes ne sont pas des excuses pour déserter les églises. En toute saison on aime et on prie ; le service de Dieu ne chôme jamais.

Tels étaient les nombreux habitants qui se pressaient dans l'église de N***, à l'heure où l'obscurité rend plus dangereux et plus difficiles lès étroits sentiers des montagnes. Au fond de l'église, appuyé contre le mur, se tenait un homme dont la figure sombre et farouche contrastait avec les visages francs et épanouis des autres assistants. La foule était si grande et le recueillement si profond qu'il n'attirait les regards de personne, bien que son costume et ses allures annonçassent un étranger.

Le missionnaire, ce soir-là, parlait sur le retour de l'enfant prodigue. Il avait pris pour texte de son discours ces mots appropriés à la circonstance : *A tout péché miséricorde.* Ces consolantes paroles, commentées par le bon père avec l'éloquence tout apostolique qui part du cœur et dont les saints ont le secret, arrachaient aux fidèles ces douces larmes de repentir qui retombent sur l'âme comme une pluie salutaire. Un homme seul paraissait insensible, et, loin de partager l'émotion générale, il faisait, de temps à autre, entendre un sourd murmure qui se répandait, comme un sinistre grognement, au milieu du silence de l'assemblée. Après l'instruction, qui fut suivie du salut, la foule s'écoula silencieuse, conservant dans son cœur les paroles de paix et de pardon qu'elle venait d'entendre. Quelques instants après, l'étranger avait disparu avec elle dans la profondeur des forêts.

II

Le petit village de N***, composé de quelques maisons, d'une vieille église et d'un pauvre presbytère, est situé sur un plateau, au centre même des montagnes. Les vastes forêts de sapins qui l'entourent et les pics arides qui le dominent lui donnent un aspect à la fois pittoresque et sauvage. Le missionnaire, jeune encore, rempli d'activité et de zèle, ne se contentait pas des exercices fatigants de la mission ; tous les jours il consacrait le temps que lui laissaient la chaire et le confessionnal à faire des excursions apostoliques dans les différents hameaux de la paroisse. On le voyait, joignant l'action à la parole, voler, à travers les rochers et les précipices, à la conquête des âmes. La Providence lui avait fait rencontrer dans ses courses un bon vieillard que l'âge et les infirmités retenaient à la maison. Le père allait souvent l'instruire dans sa pauvre chaumière et le préparer pour la clôture de la mission, qui devait avoir lieu pour les fêtes de Pâques. Le soir même du jour dont nous avons parlé plus haut, on était venu le prévenir que le vieillard, pris d'un mal subit, réclamait sa présence. N'écoutant que la voix de sa charité, le religieux, sans songer à la nuit qui devenait de plus en plus épaisse et aux dangers que lui préparait son inexpérience des montagnes, se dirigea vers la demeure de son cher malade, après le sermon, sans même retourner au presbytère.

On était au milieu d'avril, époque de la fonte des neiges. Le ciel était couvert ; un vent tiède du sud agitait les cimes noires des sapins. A mesure que le missionnaire avançait dans le sentier bien connu qui conduisait à la cabane du vieillard, l'obscurité devenait plus profonde et le vent plus violent. Il se trouva bientôt dans les plus épaisses ténèbres. Déjà il avait dépassé le temps qu'il mettait d'ordinaire à faire cette course, lorsqu'il crut s'apercevoir, aux bruyères qu'il foulait aux pieds, qu'il ne suivait plus le sentier frayé. L'air était lourd, de lointains éclairs et des grondements sourds annonçaient un de ces terribles ouragans qui éclatent parfois dans les montagnes à la saison du dégel. Espérant retrouver le sentier qu'il avait quitté, le jeune religieux retourna sur ses pas; mais ses efforts furent inutiles et ne contribuèrent qu'à l'égarer davantage. Il se trouvait alors au milieu d'un bois, où les arbres clair-semés laissaient plus de prise à l'orage. Cependant, la pluie tombait large et serrée ; les arbres, courbés par la force de la tempête, mugissaient comme les flots de l'océan en courroux ; les roulements du tonnerre, répétés et grossis par les nombreux échos, retentissaient avec un horrible fracas ; les fréquents éclairs qui déchiraient le ciel venaient éclairer cette scène de désolation et de terreur.

Dans cette critique situation qui mettait ses jours en danger, ce qui affligeait surtout le généreux missionnaire, c'était la pensée que son pauvre malade pouvait mourir sans les secours de la religion. Ni la pluie, ni le tonnerre, ni le vent n'auraient pu l'arrêter, s'il avait connu la route; mais comment retrouver son chemin dans une obscurité si profonde? Il était près de mi-

nuit, et l'ouragan sévissait dans toute sa fureur.
On eût dit que toutes les montagnes étaien'
ébranlées. Accablé de fatigue et croyant sa dernière heure arrivée, il s'agenouilla sur le sol;
puis, levant les yeux et les mains vers le ciel :
« O mon Dieu, si vous voulez ma vie, prenez-la ;
vous savez qu'elle vous appartient tout entière ;
je vous l'offre volontiers pour le salut de cette
âme que je voulais vous donner et pour le bien
de cette paroisse que je suis venu évangéliser... »
Le bruit de la foudre, qui venait de fracasser un
arbre voisin, vint interrompre cette admirable
prière. Le prêtre s'assit au pied d'un sapin, attendant le sort qu'il plairait à Dieu de lui envoyer.

La Providence avait ses desseins. Après une
heure passée entre la vie et la mort, le missionnaire put reprendre sa marche. L'ouragan avait
cessé, et la lune, entre les gros nuages noirs séparés, planait au-dessus des bois. Le père, allant
à l'aventure, arriva bientôt à une clairière au
milieu de laquelle se dressait une misérable chaumière. Plein de joie, il se dirigea vers cet asile
inespéré pour y attendre le jour.

III

Parmi les différentes chaumières de la petite paroisse de N***, dispersées dans les vallées, sur les rochers et dans les forêts, il y en avait une qui, de mémoire d'homme, n'avait pas été habitée, à cause sans doute de son trop grand éloignement du village et de toute communication. Depuis quelque temps, une famille étrangère au pays était venue s'y installer. Elle était composée du mari, de la femme et d'un autre homme qui pouvait être leur serviteur ou leur parent. Les habitudes, le costume et le langage des nouveaux venus différaient tout à fait de ceux des montagnards. On ne les avait jamais vus à l'église. Ils vivaient complétement séparés des autres habitants de la commune qui, du reste, les laissaient fort tranquilles. Les bruits les plus sinistres couraient sur les étranges hôtes de cette demeure inhospitalière. Plusieurs vols et assassinats, commis dans ces parages, sur la route qui conduit, par le flanc de la montagne, à la ville voisine, faisaient planer les plus graves soupçons sur ces inconnus dont on ignorait les moyens d'existence.

11.

Telle était la maison à la porte de laquelle venait frapper, au milieu de la nuit, le jeune missionnaire dont nous avons parlé plus haut. Bien qu'on fût à une heure où d'ordinaire l'on dort dans les honnêtes familles, une lumière brillait à travers les vitres de la fenêtre.

Au premier coup frappé à la porte, une femme vint ouvrir.

— O mon Dieu! s'écria-t-elle, en apercevant, à la lueur de la lampe, le costume ecclésiastique; un prêtre ici, à pareille heure!

— Je viens vous demander l'hospitalité jusqu'au jour et un peu de feu pour me sécher, dit le religieux. Je me suis égaré sur la montagne pendant l'orage; je suis trempé de sueur et de pluie. Je remercie le ciel de m'avoir fait rencontrer cette chaumière.

— Le ciel vous a mal conduit, mon pauvre monsieur, répondit la femme que l'émotion rendait toute tremblante; mieux vaut pour vous continuer votre route dans l'état où vous êtes, que de vous arrêter ici. Mon mari n'aime pas les prêtres... et à son retour il pourrait vous arriver malheur.

Poussé par un avertissement secret, le prêtre repartit :

— Puisque votre mari est absent, laissez-moi

au moins me chauffer un peu et me reposer avant
de poursuivre ma route.

Puis, sans attendre de réponse, il franchit le
seuil de la cabane et alla s'asseoir auprès de la
cheminée.

La pauvre femme, tout interdite, alluma quelques branches sèches de sapin, qui pétillèrent
aussitôt dans l'âtre.

— Dépêchez-vous, dit-elle à son visiteur, en
jetant un regard inquiet sur la pendule qui mar-
quait deux heures. La nuit est mauvaise, mon
mari ne tardera pas à rentrer, et s'il vous trouvait
ici...

— Eh bien! qu'arriverait-il donc? répondit le
prêtre. Votre mari peut détester la religion et
ses ministres, mais il n'est pas assez méchant
pour refuser un abri à un voyageur égaré.

Un autre orage commençait à gronder, le ciel
s'était de nouveau couvert, et la pluie, poussée
par le vent, venait battre l'étroite fenêtre de la
cabane. Une demi-heure s'était écoulée.

— Je suis bien désolée, mon bon monsieur,
dit la femme de plus en plus inquiète ; mais, malgré mon grand désir de vous être utile, je ne puis
vous garder davantage. Dans votre intérêt... je
vous en supplie...

En ce moment, la porte s'ouvrit brusquement
et deux hommes entrèrent. A la vue du prêtre,

une joie féroce, mêlée d'étonnement, se peignit sur leur visage.

— Ah ! ah ! hurla le plus âgé, qui paraissait être le chef de la maison, voici une bonne capture, qui nous dédommagera de la mauvaise nuit que nous avans passée !

En parlant ainsi, il s'approcha du missionnaire, qui continuait tranquillement à se chauffer.

— Il me semble vous reconnaître, mon Révérend Père, poursuivit-il avec un ton railleur ; c'est vous qui prêchiez si bien, hier soir, à l'église du village ?

— Oui, mon ami, répondit doucement le religieux ; c'est moi qui suis le prédicateur de la mission qui se donne dans votre paroisse. Je me suis égaré cette nuit dans les bois, en allant visiter un malade, et j'ai pris la liberté de venir me reposer chez vous, pour y attendre la fin de l'orage.

— Tu ne sais pas chez qui tu es, repartit le brigand, en lui lançant des regards terribles. Je vais, du reste, te l'apprendre, car tu ne sortiras pas d'ici.

En disant ces mots, il s'était approché davantage de la cheminée, ainsi que son compagnon. La femme, pâle et muette d'effroi, était assise dans un coin de la chambre, les yeux fixés sur son mari qui poursuivit :

— Il y a longtemps que je hais Dieu et ses ministres. Il s'est montré injuste à mon égard : la fortune qu'il a accordée à tant d'autres, il me l'a constamment refusée ; il m'a ainsi forcé à soutenir mon existence par le vol et à tremper mes mains dans le sang.

— Dieu ne nous doit pas la fortune, hasarda le prêtre ; il nous a donné des bras pour l'acquérir.

— Aussi je m'en sers, répondit ironiquement le brigand. Du reste, je n'ai pas besoin de tes conseils... Toutes tes paroles sont des mensonges. Hier soir, en passant par hasard dans le village, j'ai assisté à ton sermon. Crois-tu toi-même aux sornettes que tu débites ? A tout péché miséricorde ! Tu es un menteur.

— Oui, répondit le missionnaire, à tout péché miséricorde ! La bonté de Dieu est infinie ; elle oublie tous les crimes, quand ils sont suivis d'un sincère repentir

— Je ne crois pas à la bonté de Dieu, reprit l'assassin ; je ne l'ai jamais éprouvée... S'il était bon, comme tu le dis, il ne m'aurait pas fait si malheureux.

— Ah ! mon ami, si vous connaissiez...

— Tais-toi, tais-toi ! cria le bandit en proférant un blasphème. J'ai commis trop de crimes pour espérer. J'ai fait mourir mon père et ma mère de chagrin.... Il n'y a pas de pardon pour les parricides.

— Dieu a pardonné à ceux qui l'ont crucifié... Votre crime n'égale pas celui des Juifs.

— Et tout le sang que j'ai répandu ne crie-t-il pas vengeance ?

— Le sang de Jésus-Christ crie encore plus fort miséricorde !

— Mais le sang d'un prêtre ! le tien ! exclama le brigand d'une voix étouffée par la colère, en saisissant un poignard pendu à sa ceinture.

— Tuez-moi, si vous voulez, s'écria le religieux en se jetant à genoux ; tuez-moi. Dieu vous pardonnera ma mort comme je vous la pardonne.

Un moment de silence solennel suivit ces paroles. L'assassin se tenait immobile, le bras levé sur sa victime qui priait, offrant, à l'exemple du divin Maître, sa vie pour le salut de son bourreau.

Le bruit du vent, mêlé à celui de la pluie qui continuait à tomber, ajoutait à l'horreur de cette scène.

Que se passa-t-il pendant ce temps-là, au ciel et dans l'âme du prêtre ? nul ne pourra le dire. Mais soudain le brigand laissa échapper son poignard ; puis, s'adressant au père, il lui dit d'une voix toute changée :

— Relevez-vous, mon père. Je n'ajouterai pas à mes autres crimes celui de faire mourir un homme aussi bon que vous. Mais, dites-moi... est-il bien vrai que je peux espérer mon pardon ?

— A tout péché miséricorde ! s'écria le religieux, en saisissant avec reconnaissance les mains du bandit. Si vous le voulez, dans un instant tout sera effacé. Faites-moi le sincère aveu de vos fautes.

Le pécheur s'était jeté sur un siége et se débattait sous les étreintes de la grâce.

— Ce matin même, mon père, dit-il en sanglotant, j'irai vous trouver à l'église, après votre messe. J'ai besoin de quelques heures pour me recueillir. J'ai commis tant de péchés !

— Vous me le promettez ! répondit l'homme de Dieu.

— Oui, je vous le promets.

L'aurore ne paraissait pas encore. Le missionnaire, accompagné jusqu'à la maison du vieillard, put facilement retourner au presbytère. Il était jour quand il arriva dans sa chambre. Plein d'émotion et de fatigue, il se jeta sur son lit pour y prendre un peu de repos, afin de se préparer aux travaux de la journée.

IV

Il était neuf heures quand le Père fut réveillé par le bruit des cloches. Elles ne sonnaient pas, comme la veille, rapides et joyeuses, pour appeler les fidèles à l'exercice de la mission, mais elles faisaient entendre le glas funèbre des morts. Honteux de l'heure avancée, il courut immédiatement à l'église. Lorsqu'il se rendit à la sacristie pour revêtir les ornements sacerdotaux, un homme l'y attendait. C'était le compagnon du brigand de la montagne.

— Mon père, dit-il, l'homme qui devait venir vous trouver ce matin est mort. Quelques instants après votre départ, étouffé par les larmes et les sanglots, il a rendu son âme à Dieu. Priez pour lui.

— Il n'a pas besoin de prières, répondit le religieux.

Puis il alla célébrer une messe d'actions de grâces.

UNE VISITE A ARS

Le 8 mai 1865, trois mois avant la mort de ce saint prêtre, j'arrivai à Villefranche, chef-lieu d'arrondissement du département du Rhône, à quelques kilomètres d'Ars. Un vaste omnibus à seize places attendait les pèlerins que le chemin de fer apportait. Quoiqu'il y eût correspondance à l'arrivée de tous les trains et de tous les bateaux à vapeur, nous n'en étions pas moins au grand complet. Un profond silence régnait parmi les voyageurs ; chacun contenait au fond de son cœur l'émotion qui allait toujours croissant, à mesure que nous approchions du lieu désiré. Peu à peu pourtant la conversation s'engagea. Le sujet était tout trouvé. Aucun de nous n'avait encore eu le bonheur de contempler les traits vénérables du serviteur de Dieu. Nous allions tous à Ars pour la première fois. Au fond de la

voiture, se tenait un jeune homme d'une vingtaine d'années, perclus des deux jambes ; il allait
demander sa guérison au bon curé. Auprès de
lui était assise une femme en deuil qui venait de
perdre récemment son mari et son fils unique,
seuls liens qui la retenaient encore sur la terre ; elle
voulait épancher son cœur dans celui de l'homme
de Dieu, et lui demander le soulagement d'une
douleur qui la conduisait insensiblement au tombeau. Parmi les autres se trouvaient peut-être
des pécheurs qui allaient chercher la paix de la
conscience ; c'est ainsi que toutes les peines,
toutes les maladies du cœur, de l'âme et du corps
allaient à ce célèbre médecin, qui les guérissait
toutes d'un seul mot de sa bouche.

Au milieu de conversations tranquilles et
pieuses, faites moins pour nous distraire que pour
tromper la longueur de la route, nous arrivâmes
à Ars. Un modeste village, composé de quelques
habitations, une pauvre église, une petite place,
voilà ce qui s'offrit à nos regards, voilà le lieu re-
marquable qui contient tant de vertus, dont on
respire le parfum avec l'air, et qui renferme les
cent mille pèlerins qui chaque année affluent à
ce village extraordinaire. Quoique l'humble curé
eût défendu dès le principe qu'on tînt hôtel à Ars,
force avait été d'en construire cinq qui étaient
bien loin de suffire à la foule des voyageurs. La

plupart des maisons étaient transformées en au-
berges, en magasins où se vendaient chapelets,
médailles, livres de piété et surtout portraits et
biographies du curé. Lorsque nous arrivâmes,
les hôtels étaient pleins. Chacun s'arrangea
comme il put. Pour mon compte, je pris logement chez une vieille femme pleine de foi et de
cette antique simplicité qu'on retrouve si rarement aujourd'hui. A peine installé, mon premier
soin fut de me rendre à l'église. Des centaines
d'hommes et de femmes y attendaient, quelques-
uns depuis plusieurs jours peut-être, le moment
si impatiemment désiré de parler à l'homme de
Dieu et d'entendre de sa bouche quelques-unes de
ces paroles qui réparaient le passé et fixaient l'a-
venir. En ma qualité d'ecclésiastique, je m'agenouillai au pied de l'autel, le plus près possible de
la sacristie, sachant que dans quelques instants
M. le curé allait s'y rendre pour confesser les
hommes. Enfin, le saint sortit du confessionnal...
toutes les têtes s'inclinaient sur son passage. Il
vint auprès de moi, se mit à genoux. Malgré l'é-
motion qui agitait mon cœur, malgré le respect
profond qui me forçait d'incliner ma tête, je pus
contempler un instant ces traits vénérables qui
attiraient les regards du monde entier. Une longue chevelure blanche tombait sur ses épaules ;
son front était dénudé, ses joues creusées par les

privations et les années ; son regard était fixé amoureusement sur le tabernacle. Quelle belle figure ! Malgré les sillons et les rides qu'y avaient tracés l'âge et la douleur, on y voyait une fraîcheur sans pareille. Toutes les vertus renfermées dans cette belle âme se reflétaient sur cet admirable visage et lui donnaient une expression toute céleste. Tous ses traits respiraient la sainteté. Après une assez longue prière, il s'achemina vers la sacristie. Je me précipitai sur ses traces, et ne pouvant plus contenir mon émotion et la grande vénération que m'inspirait cet homme extraordinaire, je me jetai à ses pieds sans pouvoir parler. Il me releva avec bonté et fit entendre à mon oreille plusieurs de ces paroles ineffaçables qui semblaient tomber du ciel. Oh ! je n'oublierai jamais cet entretien trop court, mais qui continue encore dans mon cœur. Je garderai toujours comme une précieuse relique, comme un talisman salutaire, cette petite médaille de sainte Philomène que sa main déposa dans la mienne. Lorsqu'il sut mon intention de me consacrer aux missions, il s'écria avec un accent que je n'oublierai jamais : « Missionnaire ! Oh ! ils font tant de bien les missionnaires ! Et moi... » Il ne put en dire davantage ; les larmes avaient éteint sa voix déjà affaiblie par la souffrance. Je me retirai et un autre alla puiser dans cet immense cœur les consolations et les secours dont il avait besoin. Quel saint, plus que le vénérable curé d'Ars, a réalisé ce texte de la Sainte-Écriture, qui semble fait pour lui? *Unicus, multiplex, disertus, certus, omnia prospiciens* (Sag., 7-22).

Unique par sa sainteté sans égale de nos jours; multiple par les nombreux miracles de toute sorte qu'il a opérés, guérissant toutes les maladies, soulageant toutes les douleurs, pacifiant toutes les consciences, satisfaisant en un mot, par chacune de ses paroles, à tous les besoins; éloquent, malgré sa simplicité, au point que souvent il arrachait des larmes à tout son auditoire; certain dans ses décisions et ses conseils qu'on venait entendre de toutes les parties de l'Europe; voyant tout, le passé, l'avenir, lisant au fond des âmes; transformé enfin par son intimité avec Dieu en un prophète, en un de ces hommes extraordinaires qui, selon le langage d'un S. Père, portent le monde, *sancti portant mundum* (S. Jérôme).

Le lendemain matin, à six heures et demie, M. Vianey se rendait à l'autel pour dire la messe, et j'avais l'honneur d'être son servant. Oh! que de fois, depuis que je suis prêtre, depuis que moi aussi j'ai le bonheur d'offrir le saint sacrifice, je me suis rappelé ce visage enflammé, ces regards pleins d'amour fixés sur la sainte hostie! Avec quelle humilité il répétait ces mots: *Domine, non sum dignus..*, avec quel respect il se nourrissait du corps et du sang de Jésus-Christ! Il était tout transformé, tout abîmé en Dieu. La foi s'échappait de ses mains, de ses yeux, de sa bouche.

Quelques heures après, je me promenais dans la campagne, repassant au fond de mon cœur les paroles du bon curé et songeant à l'honneur qui venait de m'arriver. Une jeune femme tenant un petit enfant entre ses bras s'avança vers moi. Son visage était rayonnant de bonheur, et ne pouvant plus contenir la joie qui débordait de son âme, elle me dit :

— Oh! monsieur l'abbé, je ne me repens pas d'être venue de bien loin voir M. le curé d'Ars ; c'est un saint. Mon enfant était aveugle... je le lui ai porté avant-hier ; il m'a dit de faire une neuvaine à sainte Philomène... j'en suis au second jour, et mon enfant y voit clair.

A mon retour, je racontai ce miracle à ma vieille hôtesse ; elle me répondit :

— Ça vous étonne, monsieur l'abbé. Ah! nous autres nous y sommes bien accoutumés aux miracles... notre curé en fait tous les jours. On me dirait qu'il a ressuscité tous les morts qui sont dans le cimetière, que je ne prendrais pas la peine d'y aller voir.

Il ne s'agissait ici que de ces miracles éclatants qui sont visibles à tous les yeux... combien de milliers d'autres qui ne sont connus que du ciel ! Des conversions inespérées, des soulagements subits à des douleurs qui semblaient inguérissables ; des clartés vides et soudaines qui débrouillaient en un instant les affaires les plus difficiles et les plus compliquées. La sainteté chez cet homme se manifestait de mille manières prodigieuses. Dieu a vraiment rendu son saint étonnant au delà de toute expression ; *mirificavit Dominus sanctum suum :* il en a fait le thaumaturge du XIXe siècle.

Je passai trois jours à Ars, pendant lesquels je servis la messe du saint curé, et puis, à regret, il me fallut reprendre le chemin de Villefranche. Il me semblait, en quittant ce lieu fortuné, que tout ce que j'y avais vu et entendu était un rêve qui m'avait conduit dans le ciel. Arrivé à l'embarcadère du bateau à vapeur que je devais prendre pour me rendre à Lyon, j'aperçus le boiteux qui, trois jours auparavant, m'avait accompagné. Il courait sur le rivage, ivre de joie et de reconnaissance... Le saint l'avait guéri ; il avait laissé ses béquilles à la chapelle de Sainte-Philomène.

Heureux habitants d'Ars, le lieu que vous habitez est une terre sainte que Dieu s'est choisie pour y accomplir des prodiges. *Locus in quo stas terra sancta est.*

Heureux le prêtre qui, à l'exemple de Jésus-

Christ, a passé en faisant le bien : redressant les boiteux, rendant la vue aux aveugles, l'ouïe aux sourds, la santé aux malades, la joie aux cœurs, la paix aux consciences... Il parle encore du fond de sa tombe glorieuse ; sa mémoire sera éternellement conservée et bénie... ses ossements refleuriront sous la terre qui les couvre. *C'est là la gloire réservée aux saints.*

UNE PAGE

DE

L'HISTOIRE DE CORÉE

« Inclyti Israel super montes tuos interfecti sunt. »

Les forts d'Israël ont été tués sur tes montagnes.

(Rois, II, i, 19.)

I

Entre la Chine et le Japon s'étend une vaste péninsule. C'est la Corée. Les hautes montagnes qui la couvrent et les mers qui l'entourent en font une contrée froide et sauvage. Au sud, pourtant, de riches plaines bien cultivées donnent chaque année aux habitants une abondante récolte de riz, de millet, de légumes et de fruits.

Mais les autres parties de ce pays, surtout la partie septentrionale, sont arides. Elles ne produisent que l'orge et le ginseng, et sont presque inhabitables à cause de la rigueur du climat. Plus terribles encore que le froid, les loups, les ours et les sangliers qui peuplent ces montagnes exposent sans cesse la vie des voyageurs qui s'y aventurent. On a vu dans certains hivers le thermomètre descendre et demeurer des mois entiers à 35 et 40 degrés centigrades, la terre gelée à sept pieds de profondeur, et la mer, pendant des espaces de trois lieues, n'offrir aux regards qu'un immense monceau de glace. C'est pourquoi toutes les maisons sont construites sur des fours que l'on chauffe continuellement pendant la saison rigoureuse, afin d'adoucir l'âpreté de la température. Dans un pays si misérable, quelle nourriture peuvent se procurer ceux qui l'habitent? Quelques herbes salées cuites dans l'eau, sans assaisonnement, auxquelles on ajoute quelquefois une épaisse et dégoûtante bouillie de pois et de maïs. Le repas ainsi préparé et servi, la famille s'assied par terre autour d'un vase qui contient ce modeste dîner, et mange tantôt avec les mains, tantôt à l'aide de petits bâtonnets à la mode chinoise.

Les Coréens sont généralement grands. Ils portent une longue robe retenue par une ceinture.

Un chapeau de forme conique, à larges bords, recouvre leur tête ; leurs pieds sont chaussés dans de longues bottes de coton ou de soie. La Corée, autrefois indépendante, a été subjuguée par la Chine, vers l'an 1120, et depuis cette époque, elle subit nécessairement l'influence de la politique et de la politesse chinoises. Le roi de Corée est tributaire du grand empereur du Céleste-Empire, et tous les ans un ambassadeur coréen est envoyé à la cour de Péking pour négocier les affaires du royaume.

L'entrée de ce pays est absolument interdite à tous les étrangers ; y être reconnu comme tel est un crime digne de la peine capitale. Aussi les amateurs de voyages, les Anglais, les ministres protestants surtout, que l'on trouve partout où il y a de la sûreté, du bien-être et de l'argent, n'ont jamais cherché à y pénétrer. Seuls, les missionnaires catholiques, poussés par la foi et la charité, ont osé et osent encore aborder sur ces rives inhospitalières. Pour ces hommes intrépides, tous les lieux sont accessibles, les déserts glacés du pôle comme les sables brûlants de l'Équateur. Pleins de joie, ils bravent tous les obstacles au nom de Celui qui les envoie. La terre manque au zèle qui les dévore. Leur sueur et leur sang ont arrosé toutes les contrées du globe, et ceux que le glaive a épargnés, une mort prématurée où de longues épreuves les ont faits également martyrs de Jésus-Christ.

O Corée ! tu n'es pas la moindre entre toutes les régions chères au Seigneur. On a dit de toi des choses glorieuses, *gloriosa dicta sunt de te*, ô terre bénie du ciel, empourprée du sang généreux de tant de saints apôtres ! Tu l'as vu couler à larges flots, et en le répandant ainsi sans mesure, tu as semé la vie sur ton sein !

Qui pourra compter le nombre des forts qui ont été tués sur tes montagnes ! Des fidèles, des prêtres, des pontifes mêmes, comme si leurs têtes n'avaient pas été ointes de l'huile sacrée..... Dieu n'a pas si noblement traité toutes les nations, *non fecit taliter omni nationi*. Une rosée si abondante pour une si petite terre !

Ce ne fut qu'en 1720 que la lumière de l'Évangile commença à pénétrer dans le royaume de Corée. Voici comment. Vers cette époque, un ambassadeur coréen envoyé, selon l'usage, auprès de l'empereur de Chine, rapporta de Péking des livres traitant de notre sainte religion, qui lui avaient été donnés par des prêtres français. Un noble personnage coréen, nommé Kang, lut ces livres et trouva la doctrine qu'ils renfermaient si belle et si vraie, qu'il se fit chrétien. Kang, aidé de Y (c'était le nom de l'ambassadeur), devint l'apôtre de son pays. Le zèle de ces deux fervents néophytes ne fut pas sans succès. Ils parvinrent à recruter un petit nombre de chrétiens, qui s'ac-crut de jour en jour. Une terrible persécution menaça d'étouffer au berceau cette Église naïs-sante. Pendant quarante années consécutives, le glaive et la hache furent levés sur ces nou-veaux chrétiens. Mais l'Église de Corée grandit et se fortifia dans le sang ; au point que, livrée à elle-même, sans sacrements, sans pasteurs, elle comptait déjà huit cents martyrs et quatre mille chrétiens, en 1835, époque où la France, cette messagère de la foi, lui envoya trois de ses enfants pour ses premiers apôtres. Nous les suivrons bien, chers lecteurs, ces heureux prêtres, dans les rudes labeurs dont leur vie apostolique fut accompagnée.

Leur histoire nous offrira un des plus beaux traits de dévouement qui ait illustré l'Église de Jésus-Christ jusqu'à nos jours ; elle fournira un exemple et un modèle aux prêtres dont la mis-sion plus pacifique n'est pas sans épreuves et sans combats.

II

> « Sanguis martyrum, semen Christia-
> norum. »
> Le sang des martyrs est une semence
> de chrétiens.
>
> (TERTULLIEN.)

Avant d'entreprendre le récit des scènes sublimes et douloureuses que j'essayerai de raconter, il est à propos de remonter plus haut et de
voir quelle est, en Corée, la cause de cette persécution acharnée qu'on a fait subir de tout temps
à la religion catholique, et comment, à l'arrivée
de ses premiers pasteurs, cette jeune Église
comptait quatre mille chrétiens et huit cents
martyrs.

Vers le milieu du XVIIIe siècle, le trône de
Corée était occupé par un vieux roi qui n'avait
pas de fils pour lui succéder. Comme son âge
avancé le rendait inhabile à tenir les rênes du
royaume, plusieurs ministres conçurent le projet
de couronner immédiatement son frère, pour
éviter les troubles qui s'élèvent d'ordinaire à la
mort des rois. Les autres ministres voulaient
attendre, espérant toujours que le prince régnant

ne mourrait pas sans postérité. Dès lors, une grande division éclata entre les principaux du royaume, ou plutôt, entre tous les habitants, et il se forma deux partis : celui des *Piokpaï* et celui des *Tipaï*, des noms de *Pik* et de *Ti*, les plus ardents défenseurs de chacune de ces opinions. Les *Piokpaï*, qui soutenaient le premier avis, voulant triompher sans résistance, envoyèrent secrètement des ambassadeurs à l'empereur de Chine pour faire approuver leur projet et demander l'autorisation de couronner un nouveau roi. Mais ils ne purent tromper la vigilance de leurs adversaires, et comme en Corée, de même qu'ailleurs, les choses les plus secrètes sont bientôt connues, les *Tipaï*, avertis à temps, firent poursuivre les ambassadeurs qui s'acheminaient à grands pas vers la capitale du Céleste-Empire. Ils n'avaient pas encore quitté le territoire coréen, lorsqu'ils furent atteints par les soldats envoyés à leur poursuite. Sans autre forme de procès, ils eurent la tête coupée, et les plans des *Piokpaï* furent déjoués.

Sur ces entrefaites, le vieux roi vint à mourir, sans laisser d'enfant, et le parti qui avait voulu lui donner d'avance un successeur, intronisa le frère du défunt, ce qui ne se fit pas sans grande effusion de sang. Le nouveau roi avait un fils que ses belles qualités et ses rares vertus faisaient aimer de tout le monde. Comme son père l'aimait beaucoup, son influence porta facilement ombrage aux *Piokpaï*, qui résolurent, à tout prix, de s'en défaire. Voulant d'abord tenter un moyen légal, pour arriver à leur coupable dessein, ils persuadèrent au roi que son fils était nuisible aux intérêts du royaume. Le monarque accueillit cette proposition avec une indignation facile à concevoir ; cependant, à la fin, vaincu par des sollicitations de plus en plus pressantes, et persuadé que le bien général l'emportait sur l'amour paternel, il consentit au désir criminel des ministres et donna lui-même l'ordre aux satellites du palais de décapiter son fils. L'innocente victime se soumit aux ordres de son père ; mais, comme tout le monde l'aimait, personne ne se sentit le courage de lui porter le coup fatal. Alors, les *Piokpaï* firent construire un grand coffre en bois, et sûrs d'avance de la docilité du jeune prince, ils lui ordonnèrent, au nom du roi, de s'y enfermer vivant. Quelques jours après, le prince, privé d'air et de nourriture, mourut dans cet horrible cercueil. Indignés d'un tel acte de cruauté, les *Tipaï* jurèrent aux *Piokpaï* une haine éternelle, haine qui devint réciproque et s'est toujours transmise de père en fils, comme un héritage dans chaque famille.

Après la mort du roi, les partisans de *Ti*, devenus plus forts, eurent le dessus et furent assez longtemps à la tête du pouvoir. Ce fut sous leur administration sage et pacifique que le catholicisme fut introduit en Corée, comme il a été raconté dans le précédent numéro. Ainsi favorisé ou plutôt toléré, il fit de rapides progrès. Mais, en 1791, les *Piokpaï* reparurent sur le trône et ils jurèrent d'anéantir, dans une persécution générale, cette religion qu'avaient adoptée la plupart de leurs adversaires.

Pendant six années de triste et glorieuse mémoire, le sang coula à flots sur la terre coréenne. Tous les âges, toutes les conditions, toutes les familles, eurent leurs martyrs dont les noms connus du ciel sont, pour la plupart, ignorés des hommes. La faux des persécuteurs avait coupé l'herbe sans en arracher la racine. Favorisée par le sang, la semence évangélique grandissait en silence et n'attendait, pour se multiplier et couvrir le royaume, que l'arrivée des ouvriers que la Providence lui réservait depuis si longtemps.

III

Il est nuit close. Un calme profond règne sur les eaux silencieuses. Au milieu de la mer Jaune,

à la faveur des ténèbres, vogue une petite barque. Aucun passager ne paraît sur le pont ; un
homme seul, tenant en main le gouvernail, lutte
contre le vent et les flots. Deux voiles en nattes
de paille attachées à deux grands mâts, une
ancre en bois retenue par une grosse corde
tressée d'herbes à demi pourries ; un misérable
pont, formé de planches mal assujetties les unes
aux autres, tel est le spectacle qu'offre aux
regards cette pauvre embarcation qui, depuis
plusieurs jours, cingle vers les côtes de Corée.
Dans un petit réduit étroit et obscur, habité par
les rats, les cancrelats et les moustiques, un
homme est assis, séparé de l'abîme par un simple
plancher qui laisse entrer l'eau de toutes parts.
Ses vêtements sont ceux d'un coréen, mais ses
traits et la blancheur de son visage trahissent un
étranger venu des pays de l'Occident. Sa principale occupation, après la prière, est de rejeter
avec une calebasse l'eau qui envahit la cale, et
longtemps avant le jour, la barque aborde sur un
rivage désert, loin de toute habitation et de tout
navire. Aussitôt le mystérieux passager se revêt
d'un long manteau en toile grossière, couvre sa
tête d'un large chapeau de paille qui lui tombe
sur les épaules et la poitrine. Il met entre ses
mains deux petits bâtons auxquels est fixé un
voile, en forme d'éventail, descend sur le bord de

la mer, puis se cachant le visage, à l'aide de son voile, il prend à travers les rizières le chemin qui conduit à la capitale.

Telle est l'entrée furtive des missionnaires dans ce royaume inaccessible à tout autre qu'aux envoyés du ciel. Conduits sur une frêle barque, par un chrétien généreux, mais pilote inhabile, ils traversent une mer dangereuse et soulevée par de fréquentes tempêtes. Ils choisissent, pour aborder sur cette terre ingrate, la nuit la plus obscure, et grâce au costume de deuil qui les met à l'abri des regards et des interrogations des curieux, ils prennent possession de leur nouvelle patrie. Semblables à des voleurs nocturnes, ils pénètrent secrètement et sans bruit dans la demeure de Satan pour lui ravir des âmes, revêtus d'habits lugubres, comme un présage des épreuves et des douleurs qui les attendent.

Telle fut, le 26 décembre 1836, le septième jour de la deuxième lune de l'année *Elmi*, l'entrée de M. Pierre Maubant, le premier apôtre de la Corée. M. Maubant venait du Séminaire des Missions étrangères. Il eut beaucoup à souffrir pendant sa traversée d'Europe en Asie. De violentes tempêtes mirent plusieurs fois sa vie en danger. A peine débarqué en Chine, il rencontra Mgr Bruguière qui venait tout récemment d'être nommé vicaire apostolique de la Corée et attendait une occasion favorable pour se rendre dans son vaste diocèse. Les deux missionnaires firent route ensemble, mais la santé du prélat, déjà fort ébranlée par de fatigants voyages entrepris pour la gloire de Dieu dans les déserts de la Mongolie, ne put tenir aux privations et aux souffrances de cette périlleuse traversée. Mgr Bruguière mourut en face de la mission qui lui était si chère, laissant à son compagnon tous ses pouvoirs. Beaucoup de choses souffraient dans l'église de Corée, à l'arrivée de M. Maubant. Cet intrépide missionnaire mit ordre à tout, et voulant pour l'avenir assurer des pasteurs à cette mission, il choisit trois jeunes gens qu'il envoya à Macao pour les initier aux études ecclésiastiques. Il ne demeura à la capitale que quelques mois pendant lesquels il apprit la langue, puis il se mit en route pour visiter les provinces. Il marchait toujours à pied et de nuit, dans ces montagnes toutes couvertes de glaces et de neiges pendant la plus grande partie de l'année. Un peu de riz et quelques herbes cuites dans l'eau composaient sa nourriture. Lorsque ses chaussures furent usées, il se mit à marcher pieds nus, disant que le salut des âmes valait bien la peine qu'on souffrît quelque chose. Telle était la vie de cet infatigable apôtre qui eût infailliblement succombé à tant de fatigues si la Providence ne lui avait envoyé un

an après un aide et un confrère dans la personne
de M. Jacques Chastan, dont nous allons parler
dans les lignes suivantes.

IV

« Omnis qui reliquerit domum, vel
fratres vel sorores, aut patrem aut
matrem, propter nomen meum, centu-
plum accipiet. »

Quiconque quittera sa maison, ses frères ou ses sœurs, son père ou sa mère,
à cause de mon nom, recevra au centuple.

(Saint Matth., xix, 29.)

Dans un humble village des Basses-Alpes vivait
encore, il y a quelques années, une honnête famille de cultivateurs, connue au loin par sa foi et
ses mœurs patriarcales. Une pauvre chaumière
et un petit coin de terre formaient tout son domaine. C'est là que naquit, le 7 octobre 1803,
Jacques-Honoré Chastan, dont le nom devait plus
tard devenir si célèbre dans les fastes de l'Église
coréenne. Dès sa plus tendre enfance, sa piété,
sa modestie et sa gravité étaient des indices certains de sa vocation à l'état ecclésiastique et de la

haute sainteté à laquelle il est parvenu. Il garda, pendant plusieurs années, les troupeaux de son père; mais un prêtre voisin, touché de ses bonnes dispositions, lui enseigna les premiers éléments de la langue latine et le fit ensuite placer à Digne, pour y suivre les classes du collége. Les talents du jeune écolier étaient très-médiocres; aussi ses progrès ne répondirent-ils ni à ses efforts, ni au temps qu'il consacra à ses études classiques. Mais, à défaut d'esprit naturel, Dieu lui avait donné un grand esprit de foi et un cœur généreux, qui lui ont valu, soit au séminaire, soit dans la carrière apostolique, des succès tout à fait inattendus, et regardés presque comme impossibles.

En 1820, il quitta Digne pour aller continuer ses études au collége d'Embrun. Il y fit sa seconde et sa rhétorique. Son angélique piété et son caractère naturellement enjoué lui eurent bientôt concilié l'estime et l'affection des maîtres et des élèves. Le jeune Chastan grandissait en sagesse en même temps qu'en âge, et bientôt des paroles de foi et d'amour échappées de son âme ardente révélèrent à ses amis la pensée qu'il nourrissait depuis si longtemps au fond de son cœur: « Ah! « mon cher ami! disait-il un jour à un de ses « condisciples, il y a des nations qui sont assises « à l'ombre de la mort; la lumière de l'Évangile « ne les éclaire point. En Europe, en France

« surtout, les prêtres ne manquent pas. Conduit
« par la main du Seigneur, j'irai chercher les
« brebis égarées et les plus abandonnées de
« toutes. J'irai baptiser les enfants infidèles.
« Quand je ne ferais que baptiser, je ferais plus
« de bien que si je restais en France. » Cette
résolution, qui ne paraissait d'abord à son ami
qu'un élan d'enthousiasme irréfléchi, ne fit que
s'affermir et se fortifier dans le cœur du jeune
homme. Il entra au grand séminaire l'année suivante, et dès lors, ne pouvant plus contenir les
désirs ardents qui le dévoraient, il en parlait à
tout le monde. On l'entendait souvent tout hors
de lui pousser des soupirs et des exclamations
dans sa chambre : « O mon Dieu ! quand pour-
« rai-je aller vous annoncer aux peuples qui ne
« vous connaissent pas? » Puis il parlait de la
Corée comme du lieu où le ciel l'appelait. C'est
dans cette mission, disait-il, qu'il voulait aller
affronter les prisons, le glaive, et mourir pour le
salut des âmes.

« Qui nous expliquera pourquoi il se trouve
des hommes qui désirent cette vie, la cherchent,
l'ont rêvée enfants, et qui, cachant à leur mère ce
grand dessein, mais le nourrissant toujours, ob-
tiennent de Dieu, à force de prières, qu'il soit
accompli? Ah ! c'est le sort du ciel et le plus noble
mystère de l'âme humaine. Jusqu'à la fin il y

aura des hommes de sacrifice, illuminés d'une clarté divine, qui, les yeux tournés vers Jésus, sauront parfaitement ce que la foule des autres peut à peine comprendre : *In lumine tuo videbimus lumen.* A la lumière de Dieu, ils devinent les joies de cette vie d'immolation pour Dieu, ils les cherchent, ils les goûtent, ils veulent s'en assouvir ; le monde n'a point de chaînes de fleurs qui les empêchent de courir à ces nobles fers [1]. »

Cette vie obscure et mortifiée a été l'objet de leurs désirs dès leur âge le plus tendre ; ils l'ont rêvée dans les loisirs de leur jeunesse, et, dans l'ardeur de leur charité, ils ont porté leur vue encore plus haut. Plusieurs, comme Jacques Chastan, ont entrevu une palme ensanglantée au bout de leur carrière.

A mesure que notre pieux séminariste approchait du Sacerdoce, son zèle pour les missions semblait s'accroître par les obstacles mêmes qu'on opposait à sa vocation. Lorsque, pour le tenter, on lui représentait les souffrances qu'il aurait à endurer, les nombreux sacrifices qu'il lui faudrait faire, il répondait : « Puisque Dieu m'appelle aux « missions, il me donnera la force de tout braver « pour son amour ; après tout, un peu de pain et « d'eau suffiront pour ma nourriture, et quelques

---

1. Louis Veuillot, *Çà et là.*

« haillons pour mes vêtements ; je trouverai cela
« partout. »

Un jour qu'il était poursuivi plus que de coutume par ces saintes et héroïques pensées, il alla
se jeter aux pieds de son évêque pour lui demander la permission de se rendre au séminaire des
Missions étrangères. Par un secret du ciel, qui
voulait éprouver sa constance, le prélat, craignant sans doute que ce ne fût qu'un aveugle
mouvement de zèle, lui refusa cette permission.
L'intrépide jeune homme ne se rebuta point ; il
multiplia ses visites ; il conjura et sollicita avec
tant de persévérance et d'importunité qu'il finit
par obtenir l'autorisation si désirée.

« Mon cher ami, écrivait-il à quelqu'un le 11 décembre 1826, pour lui annoncer cette heureuse
nouvelle, prenez part à ma joie, elle est aussi
grande que pourrait l'être celle d'un homme qui
se verrait dans un instant délivré du poids de
lourdes chaînes. Mes vœux sont exaucés, les
jours de mon exil sont finis. Mon départ est fixé
au 29 de ce mois. Je serai ordonné le samedi
avant Noël, et, le vendredi suivant, j'embrasse-
rai mes parents pour la dernière fois. »

Le jeune diacre, dans l'enthousiasme de son
zèle, ne voyait pas toute l'étendue du sacrifice qui
l'attendait. Il est dans la vie du missionnaire un
moment plus douloureux et plus méritoire que

tous les autres, c'est le dernier adieu à la famille. La plupart des prêtres, dans la première ferveur du sacerdoce, sentent au dedans d'eux-mêmes un attrait qui les pousse vers les missions lointaines. Cette pensée est si naturelle à ceux dont le but unique est de conquérir les âmes ! Les privations, les dangers, les fatigues ne les épouvantent pas; ils sont prêts à tout endurer pour Jésus-Christ. Ils entrevoient même une étonnante douceur au milieu de tant d'amertumes. Mais un seul souvenir, un seul regard vers la maison paternelle, suffit pour détruire le charme et faire évanouir de si héroïques projets. Quelques-uns pourtant, les choisis, persévèrent et se croient la force d'affronter cet immense sacrifice. Dieu, pour aguerrir ses soldats et les préparer à de rudes combats, permet que la première épreuve soit la plus longue et la plus cruelle. Les autres passent et se succèdent, celle-ci dure toujours, parce que le cœur ne change jamais. Bien souvent, dans le cours de sa vie apostolique, fatigué à la recherche des âmes, le missionnaire s'assied sur un rocher aride, au milieu d'un désert ou sur un rivage solitaire. Alors sa pensée se porte vers le pays natal; son cœur découvre, par delà l'Océan, un lieu qui lui est cher. Il reconnaît la maison qui a abrité sa jeunesse, il retrouve ses amis d'enfance, il se sent dans les bras de ceux qu'une longue séparation et de continuelles souffrances n'ont pu effacer de son amour. A ce souvenir doux et amer, une plaie, encore saignante depuis bien des années peut-être, se rouvre et renouvelle toute la grandeur et tout le mérite de son sacrifice.

Il fut bien pénible à M. Chastan ce premier pas du missionnaire, qui brise les affections les plus chères. Bien qu'il eût peu à peu préparé sa famille à ce coup terrible, il lui fallut beaucoup de courage pour lui annoncer son prochain départ. A cette nouvelle, père, mère, frères et sœurs éclatèrent en sanglots et firent entendre des cris déchirants. L'inébranlable jeune homme, quoique profondément ému à la vue de cette scène déchirante, se jeta néanmoins aux pieds de sa mère et lui demanda sa bénédiction. « Non, malheureux, répondit-elle en le repoussant, je n'ai point de bénédiction à te donner... Ingrat que tu es, est-ce ainsi que tu nous récompenses de tous les sacrifices que nous avons faits pour toi?... Ah! nous ne te laisserons point partir... tu n'auras pas le cœur de nous laisser dans la désolation, de nous précipiter dans le tombeau... »

Il en faudrait moins pour ébranler la raison la plus forte et abattre le courage le plus déterminé. Soutenu par la foi et la main de Dieu, Chastan renouvelle sa demande, puis, voyant qu'il sollicitait en vain la bénédiction de sa mère il se lève brusquement et part. Alors commence une scène attendrissante que je renonce à décrire. La mère, désolée, se met à travers champs à la poursuite de son fils chéri ; nouvelle Rachel, elle remplit les airs de ses lamentations et de ses sanglots. L'amour maternel lui donne des ailes ; elle atteint son enfant et s'attache à lui, ne voulant plus s'en séparer. Le jeune missionnaire se dégage des étreintes de sa mère et se jette de nouveau à ses pieds pour implorer sa bénédiction. Tout à coup changée, la pauvre femme devient forte et résignée, et, cédant à la volonté de Dieu qui exigeait d'elle un si grand sacrifice, elle embrasse son fils, puis l'arrosant de ses larmes : « Va, mon enfant, lui dit-elle, puisque le bon Dieu le veut ainsi ; va, sois béni et que tous les anges du ciel t'accompagnent. »

Un moment solennel de silence succéda à ces paroles ; ensuite la mère et l'enfant se séparèrent pour ne plus se revoir qu'au ciel.

Le cinq janvier de l'an 1826, M. Chastan frappait à la porte du séminaire des Missions étrangères. Son premier regard, en entrant dans cette sainte maison, tomba sur une statue de la Vierge, au bas de laquelle il lut cette inscription : *Monstra te esse matrem*[1]. Douce pensée qui entre dans

---

1. Montrez que vous êtes notre mère.

l'âme des nouveaux missionnaires. Marie, en effet, n'est-elle pas d'une manière toute spéciale la mère de ceux qui ont quitté la leur pour suivre Jésus-Christ? Dès cette terre, ils sont payés au centuple, et ils éprouvent les heureux effets de cette promesse du divin Maître : « Quiconque laissera son père, sa mère, ses frères, ses sœurs et ses champs, à cause de moi, recevra au centuple. »

Après une année passée à Paris, pendant laquelle il se prépara par l'étude et la prière au ministère apostolique, M. Chastan fut destiné pour la mission de Siam. Le jour si désiré du départ arriva; il s'embarqua, traversa l'Océan et vint débarquer sur la terre qui était assignée à son zèle. Mais Dieu avait d'autres vues sur lui. Après quelques années passées à Siam et en Chine, il fut envoyé en Corée, où il entra le 17 décembre 1836, le neuvième jour de la douzième lune de l'année *Ping-fui*.

V

> Celui qui aime court, vole,... rien ne
> l'arrête,... il ne compte pour rien les
> travaux ; il est prêt à tout souffrir.
> (Imitation de Jésus-Christ, VIII, 4 et 8.)

Nous avons représenté, dans le dernier chapitre, M. Jacques Chastan prenant possession de la terre après laquelle il soupirait dès sa plus tendre enfance. Une dizaine d'années passées à Siam et en Chine n'avaient point ralenti l'ardeur de son zèle. Après quelques mois consacrés à l'étude de la langue coréenne, il quitta la capitale et prit le chemin des montagnes, où de nombreuses et ferventes chrétientés attendaient depuis longtemps l'arrivée d'un prêtre. Il est impossible de raconter tout ce que cet intrépide missionnaire eut à souffrir dans ces courses pénibles et dangereuses auxquelles il se livra, pendant trois ans, au milieu de ces contrés barbares et sauvages où la rencontre des hommes est encore plus à craindre que celle des bêtes féroces. Les neiges et les glaces fondaient sous ses pas brûlants. Il instruisait jour et nuit avec une activité infatigable. Il montrait envers tous une grande affabilité et une étonnante égalité d'âme. On ne lui entendit jamais prononcer une parole qui témoignât la plus légère impatience. Les chrétiens trouvaient en lui le dévouement d'un père et l'amour d'une mère. Les pauvres surtout étaient l'objet de son inépuisable charité. Bien souvent, il vida sa bourse et se dépouilla de ses propres vêtements pour secourir les indigents qui se pressaient sur son passage. Les païens comme les chrétiens admiraient sa haute sainteté, et bien que des fatigues sans cesse renaissantes le trouvassent toujours disposé, il n'en était pas moins dans un état déplorable de santé, lorsque arriva, en Corée, un troisième apôtre, pour partager les travaux des deux premiers.

Laurent Imbert était né à Calos, hameau de la commune de Cabriès, dans le diocèse d'Aix. Dès l'âge de sept ans, ayant entendu lire quelques passages des lettres édifiantes, il se sentit vivement ému et il dit à son père :

— Un jour j'irai dans ces pays lointains prêcher la religion et sauver ces pauvres âmes qui tombent en enfer.

— Comment feras-tu ? lui dit le père ; tu sais bien que nous sommes pauvres ; nous ne pourrons pas te mettre au collége. Le jeune Imbert ne se laissa pas décourager par ces paroles. La charité est ingénieuse. Quelque temps après il trouva un sou :

« Bon! dit-il, je vais acheter un alphabet. » Son père lui acheta ce qu'il désirait, et le pieux enfant, tout fier de son petit livre, alla trouver une vieille voisine pour lui demander le nom de chaque lettre. Il eut bientôt appris à lire et à écrire. Alors M. le curé de Cabriès, charmé de ses excellentes dispositions, le garda quelque temps chez lui et le fit ensuite placer à Aix dans le collége dirigé par les Pères de la retraite chrétienne.

Le nouvel écolier, au comble de la joie, se livra tout entier à l'accomplissement de ses devoirs. La prière, l'étude et le travail manuel remplissaient tous ses moments. Ne voulant aucunement être à charge à sa famille, il passait ses récréations et ses promenades à faire des chapelets. Le fruit de ce petit travail était employé à payer les fournitures que lui faisait le collége ; puis, son petit commerce s'étant peu à peu agrandi, Imbert pouvait envoyer quinze francs par mois à son vieux père. Ses maîtres, non contents de l'admirer, venaient encore à son aide en lui donnant leurs vieux chapeaux et leurs vieilles soutanes. Le jeune abbé recevait tout avec reconnaissance, préludant ainsi à la vie pauvre et humble des missions qui faisait toujours l'objet de ses plus ardents désirs. Ayant terminé avec distinction ses études théologiques, Laurent Imbert fut ordonné prêtre. Toujours poursuivi par la pensée de se consacrer à la conversion des infidèles, il alla soumettre sa vocation au Père abbé de la Trappe d'Aiguebelle, qui le fit admettre au séminaire des Missions étrangères, à Paris.

Il passa quelques mois dans cette sainte maison, noviciat de l'apostolat et du martyre, après lesquels il fut envoyé comme professeur au collége de Pulo-Pinang. La vie d'enseignement, quoique très-active et bien méritoire, ne suffisait pas au zèle qui dévorait ce jeune missionnaire; il aurait voulu concourir d'une manière plus directe au salut des âmes. Les supérieurs l'envoyèrent dans la mission de Sutchuen où, pendant douze ans, il put donner un libre cours aux élans de son ardente charité. Ses talents et ses vertus le distinguèrent facilement de ses autres confrères; c'est pourquoi il fut nommé vicaire apostolique de la Corée et sacré évêque de Capse. Docile à la voix de Dieu qui l'appelait à gouverner cette difficile mission, Mgr Imbert se mit aussitôt en route pour ce nouveau royaume, où il fit son entrée dans le cours de l'année 1837.

Comme il avait une prodigieuse facilité pour les langues, au bout de deux mois il connaissait assez le coréen pour pouvoir entendre les confessions et se faire comprendre. Aussitôt il quitta la capitale, où il avait d'abord fixé sa résidence, pour se diriger vers les chrétientés, au secours de ses deux confrères. L'arrivée du saint évêque fut la cause d'une grande joie dans toute la mission. Ce zélé prélat instruisait les fidèles autant par son exemple que par ses paroles. Son genre de vie était très-austère ; il jeûnait trois fois la semaine. Il allait toujours à pied, courant à la recherche des âmes, à travers les montagnes, les plaines et les vallées.

Le royaume de Corée était ainsi évangélisé par ces trois infatigables apôtres, lorsque éclata la terrible et mémorable persécution de 1839 qui a donné tant de martyrs au ciel.

VI

> « Et factus est planctus magnus in Israel. »
> Et il se fit un grand deuil dans Israël.
> (I MACCHABÉES, I, 26.)

Entrons maintenant, bienveillants lecteurs, dans le récit de la cruelle persécution qui, pendant près d'un an, ensanglanta la Corée. Jamais, depuis Néron, tempête plus terrible ne s'éleva sur l'Église de Jésus-Christ. La prison, la torture, le glaive, la trahison, les caresses, les menaces, l'apostasie, tout conspira à étouffer, dès le berceau, cette intéressante chrétienté, fruit de tant de fatigues et de sueurs. Pendant trois années d'un rude et laborieux apostolat, Mgr Imbert et ses deux infatigables confrères avaient augmenté de six mille le nombre des fidèles et fourni, par conséquent, plus ample pâture à l'insatiable cruauté des persécuteurs.

Mgr Imbert, prévoyant l'orage, quitta les chrétientés qu'il évangélisait, pour se rendre à la capitale, afin, disait-il, de rassurer les néophytes épouvantés, les munir, par la réception des sacrements de pénitence et d'eucharistie, contre la persécution, et les préparer ainsi au martyre. Il y arriva le 30 janvier 1839. Comme du temps des Catacombes, les chrétiens s'assemblaient, au milieu de la nuit, dans une salle basse et retirée, pour assister aux divins mystères. A la pointe du jour, longtemps avant le lever du soleil, ils regagnaient leurs demeures à travers les rues silencieuses de la ville. Pour ne pas donner l'éveil aux païens, le prudent prélat avait fixé à vingt le nombre des personnes qui devaient prendre part à chacune de ces réunions. Malgré cet ordre formel, les fidèles, avides de la parole sainte et des sacrements, accouraient avec un empressement toujours croissant, qui n'échappa pas aux regards vigilants des mandarins.

Un soir, c'était le 7 avril 1839, dimanche de *Quasimodo*, les fidèles, plus nombreux que de coutume, étaient suspendus aux lèvres de leur bien-aimé pasteur, qui leur développait la doctrine, lorsque tout à coup une troupe de satellites armés se précipitèrent dans la salle. Les chrétiens se mirent aussitôt à prendre la fuite par toutes les issues. Une vingtaine seulement furent pris, enchaînés et conduits dans un obscur cachot. Au nombre des prisonniers se trouvait une femme, nommée *Han*, dont le mari, nouveau catéchumène, connaissait les affaires de la mission. Il vint la réclamer; mais comme elle ne pouvait obtenir sa liberté qu'au prix de l'apostasie, elle refusa de suivre son mari. Ce dernier, furieux, dénonça tous les chrétiens qu'il connaissait. Pendant quelques jours tous les habitants de la capitale, transformés en satellites, firent une chasse incessante aux disciples de Jésus-Christ, sans avoir aucun égard pour le sexe et l'âge des victimes. Au bout de quelque temps, les prisons devinrent trop étroites pour contenir la foule des prisonniers qu'on y amenait de toutes les parties du royaume.

Dire ce que ces généreux confesseurs de la foi eurent à souffrir dans ces réduits fétides et obscurs, est chose impossible. Aux horreurs de la faim on ajoutait de fréquentes et atroces tortures qui, pour la plupart, se terminaient par la mort. Enfin le juge, vaincu par l'inutilité des supplices, et les bourreaux, lassés de frapper des innocents, inventèrent un nouveau genre de torture. Ils firent sortir des prisons publiques tous les malfaiteurs et criminels qui y étaient détenus, et les déchaînèrent contre les prisonniers chrétiens, avec ordre de les accabler sans relâche de coups et d'injures.

Entreprendre de raconter tout ce que ces jours de deuil ont enfanté d'héroïque, de touchant et de glorieux, serait un travail qui fournirait matière à un long et intéressant ouvrage. Cette seule année enrichit d'une centaine de noms illustres le sanglant catalogue des martyrs qui ont empourpré l'église de leur sang. Ces heureux chrétiens volaient à la mort comme à une fête ; ils semblaient se multiplier sous le glaive, plus forts que les lions, plus agiles que les aigles.

Que devenaient pendant ce temps-là nos trois missionnaires ? MM. Maubant et Chastan, cachés dans une maison chrétienne, sur le sommet des montagnes, attendaient en silence la fin de cette épouvantable tempête. Mgr Imbert, de son côté, résidait toujours dans la capitale. Comme un bon général, il était au milieu de la mêlée, prêt à mourir avec ses ouailles. Depuis le jour où les soldats avaient fait irruption dans la salle, il s'était condamné au silence et se tenait enfermé. Mais le zèle de cet intrépide apôtre, loin de s'affaiblir, ne fit que s'accroître dans ces jours malheureux. Souvent, au risque de perdre la vie, il sortait de sa retraite, à la faveur de la nuit, pour aller consoler les chrétiens que la persécution avait épargnés, encourager les faibles et ensevelir les corps des martyrs. « J'aurais voulu, dit-il lui-même, comme dans notre noble et heureuse Europe, les revêtir d'étoffes précieuses et les embaumer avec de riches parfums ; mais, outre la raison de notre pauvreté, c'eût été trop exposer le chrétien qui se serait dévoué à cette sainte œuvre. Voilà pour nous de nombreux protecteurs dans le ciel, et des reliques toutes nationales, si jamais la religion chrétienne devient florissante en Corée, comme j'en ai l'espérance. »

Cependant des torrents de sang ne faisaient qu'irriter la soif et augmenter la rage des persécuteurs. Mgr Imbert, ne se croyant plus en sûreté dans la capitale, où, du reste, sa présence n'était plus nécessaire, se retira dans la campagne, accompagné de deux néophytes qui étaient venus le chercher. Il gagna, sur une misérable barque, les bords de la mer Jaune. Après un voyage d'une quarantaine de lieues, où sa vie et sa santé furent sans cesse exposées à de grands dangers, il arriva sur la rive désirée. Il y était attendu par une famille chrétienne, dans laquelle il goûta, pendant plusieurs mois, les douceurs d'une cordiale et courageuse hospitalité.

VII

> « Venit Judas Iscariotes et cum eo turba multa. »
> Vint Judas Iscariote et avec lui une troupe nombreuse.
> (SAINT MARC, XIV, 43.)

Louons les hommes glorieux qui n'ont pas craint de livrer leur corps aux supplices et de verser leur sang pour le nom de Jésus-Christ ! A cette longue liste des héros de la Corée sont venus tout récemment s'ajouter d'autres noms plus chers et non moins illustres[1]. Cette bonne nouvelle qui, peut-être, a fait couler des larmes de quelques yeux, doit être accueillie par des chants de joie et de reconnaissance. Cessez vos pleurs, familles privilégiées qui avez fourni ces

1. Les neuf missionnaires martyrisés en 1866.

nobles victimes. Rien ne pouvait arriver de plus salutaire pour l'Église, de plus glorieux pour la France, de plus précieux pour vous et de plus heureux pour ces jeunes apôtres que cette mort triomphante qui leur a ouvert les portes du ciel et a ajouté à la brillante couronne de la virginité la palme rouge du martyre. O bienheureux amis, confrères bien-aimés, que j'ai eu le bonheur de connaître pour la plupart, loin de pleurer, je me réjouirai sur votre sort si digne d'envie ! La même main vous a placés ensemble au Séminaire des Missions étrangères, vous a conduits sur la terre coréenne, à travers mille dangers qui n'ont pu abattre votre courage ; les mêmes travaux vous attendaient, au début de votre carrière apostolique... La même mort vous a frappés dans la force de la santé et de la jeunesse. Beaux et aimables pendant votre vie, vous n'avez point été séparés dans le trépas, ni dans la récompense.

Je laisse à d'autres le soin de raconter les combats et la victoire de ces neuf vaillants champions de la foi. Je vais continuer de parler sur ceux qui les ont précédés dans l'arène sanglante et les ont reçus avec joie, à leur entrée dans le ciel.

Mgr Imbert était, depuis près de deux mois, caché dans la maison d'un riche chrétien, nommé André *Son*, qui, plus tard, fut martyr de Jésus-Christ, espérant la fin prochaine de la cruelle épreuve qui pesait sur sa chère mission. Les chrétiens étaient plongés dans la misère la plus profonde. Sans cesse poursuivis et harcelés par les soldats païens, ils se hâtaient de vendre leurs domaines, ou les abandonnaient, pour s'enfuir dans des lieux inhabités. Semblables à des lépreux, ils vivaient loin de la société des autres hommes, au milieu des déserts ou sur les montagnes. MM. Chastan et Maubant étaient obligés de mendier pour soutenir leur existence. L'extrême pauvreté et la faim faisaient autant de victimes que le glaive, qui, pourtant, ne cessait pas un seul instant de s'abattre sur de nouvelles têtes.

Dans de si terribles conjonctures, Mgr Imbert invita ses deux confrères à venir le rejoindre dans sa retraite, pour délibérer sur le parti qu'ils auraient à prendre. Les deux missionnaires répondirent avec empressement à l'invitation de leur évêque. Le 29 juillet 1839, ils étaient tous trois réunis dans la demeure du vicaire apostolique. Ils pensèrent d'abord qu'il était sage de fuir et de se faire jeter, par quelque barque, sur les côtes du *Léaotong ;* qu'un seul d'entre eux se livrerait aux mains des persécuteurs et que les deux autres tâcheraient de conserver leur vie, afin de revenir, après l'orage, pour réparer les ruines de cette pauvre Église désolée. Il y eut alors, entre les trois serviteurs de Dieu, une lutte admirable qui se comprend mieux qu'elle ne s'explique. Chaque missionnaire réclamait pour soi l'honneur de sacrifier sa vie. Monseigneur voulait que ce fût lui, parce que, disait-il, c'était au premier pasteur à mourir pour ses brebis ; ses deux confrères le suppliaient de conserver sa vie, comme bien plus précieuse à la mission que la leur. Enfin, après de longs débats, ne pouvant se mettre d'accord sur un point aussi délicat, ils abandonnèrent le projet de se livrer aussi bien que celui de s'enfuir, et ils résolurent de rester en Corée et d'y attendre les desseins de Dieu à leur égard.

Il y avait à peine quelques jours que les missionnaires avaient quitté le vicaire apostolique, qu'un déplorable événement vint attrister toute la mission. Les persécuteurs avaient entendu dire que des prêtres européens étaient cachés dans le royaume ; aussitôt, ils mirent tout en œuvre pour les découvrir. Une forte récompense fut promise à quiconque les amènerait morts ou vifs. Sur ces entrefaites, un nouveau chrétien, appelé *Kim*, qui avait reçu au baptême le nom de Jean, poussé par le démon qui avait autrefois perdu Judas, résolut de livrer le saint évêque à la mort. Afin d'atteindre plus sûrement son but, ce traître, tout en se concertant avec les mandarins et les satellites, affectait un grand air de piété et de dévotion. Accompagné d'une troupe de soldats déguisés en courtisans, il alla trouver un fervent chrétien, nommé *Tseng*, homme d'une grande simplicité, et lui dit :

« Courage ! réjouissons-nous ! la persécution a
« cessé. La Reine et plusieurs grands de la cour
« veulent se convertir et recevoir le baptême.
« C'est pourquoi le roi nous a envoyés chercher
« l'évêque européen, afin de le conduire dans son
« palais. Mais, comme nous ignorons le lieu où
« il se trouve, indique-le-nous. »

Trompé par ces fallacieuses paroles, Tseng tressaillit de joie et se mit à la tête de la troupe qui s'achemina gaiement vers la retraite de l'évêque. Lorsqu'on fut arrivé près de la maison qui servait de retraite à Mgr Imbert, Tseng se rendit seul auprès de lui, et, plein d'allégresse, lui raconta ce qui venait de se passer.

« Tu es bien simple de croire de pareilles his-
« toires, lui répondit l'évêque; tu as été trompé. »

Puis, jugeant que la fuite était impossible, et que, d'ailleurs, elle serait funeste à son troupeau, il écrivit une lettre aux autres Pères de la mission, célébra une dernière fois le saint sacrifice de la messe et fit venir auprès de lui le traître et ses affidés. Un regard plein de doux reproches fit pâlir le nouveau Judas. Avant de se livrer, le vénérable prélat prêcha aux soldats la vérité de la religion pour laquelle il allait mourir, puis il abandonna ses mains aux fers et son corps aux supplices. Les satellites étonnés le firent asseoir dans une chaise à porteurs, et le conduisirent ainsi à la capitale, où il fut jeté en prison, le 6 août de l'année 1839.

VIII

> « Bonus pastor animam suam dat pro ovibus suis. »
> Un bon pasteur donne sa vie pour ses brebis.
>
> (SAINT JEAN, X, 11.)

Le saint évêque, en entrant en prison, y trouva Pael *Ting*, Augustin *Lieou* et Charles *Tehao*, invincibles athlètes qui, tourmentés par des supplices de tout genre et broyés sous les coups, étaient demeurés inébranlables dans leur foi et dans la résolution de ne pas découvrir la retraite des missionnaires. Mgr Imbert, après les avoir tenus longtemps serrés sur son cœur, leur dit :

« Puisque l'on sait qu'il y a trois Européens « dans le royaume, n'en faisons point un mys- « tère ; mais gardons-nous bien d'indiquer la « retraite des deux autres. »

Cependant le grand mandarin, ivre de joie d'avoir en son pouvoir le chef de cette religion étrangère, le fit comparaître à son tribunal ; puis, le regardant avec un sourire infernal, il lui dit :

— Où sont cachés tes deux confrères ?

Le prélat ne répondit point à cette demande. Aussitôt le juge irrité lui fit mettre les jambes à la torture. Pas une plainte, pas un soupir ne s'échappa de la poitrine du courageux confesseur, pendant ce cruel supplice.

— Pourquoi es-tu venu dans ce royaume ? — Pour arracher les âmes à la puissance du démon.

— Combien de personnes as-tu instruites dans ta religion. ? — Quelques centaines.

— Dénonce-les. — Jamais.

— Renonce à ton Dieu. — Non, non, jamais !

Après cet interrogatoire, il fut reconduit en prison où les soins et l'affection de ses chers compagnons de captivité lui firent vite oublier ses souffrances.

La persécution, loin de s'affaiblir, après la prise de Mgr Imbert, ne fit que redoubler de fureur. Les mandarins avaient juré d'exterminer tous les chrétiens, jusqu'à ce qu'ils eussent trouvé les deux autres missionnaires. L'évêque, à cette nouvelle, pensa que l'intérêt de la mission et la conservation des fidèles exigeaient un sacrifice héroïque de la part de ses deux confrères. Il leur

14

fit passer un billet conçu en ces termes : « Un
« bon pasteur donne sa vie pour ses brebis. Dans
« l'extrémité où nous nous trouvons, vous vou-
« drez bien, au reçu de ce billet, vous rendre à
« la capitale. Vous ne donnerez à aucun de vos
« gens la permission de vous suivre. »

Cette invitation remplit de joie le cœur de ces
deux bons prêtres. Ils donnèrent un libre cours
aux sentiments de bonheur qui débordaient de
leur âme. Plusieurs chrétiens voulaient avoir
l'honneur d'accompagner leurs généreux pasteurs
jusqu'à la capitale, et comme ils paraissaient
tristes et versaient des larmes, à la pensée des
souffrances qui étaient réservées aux missionnaires, ceux-ci se montraient gais et leur disaient
pour les consoler :

« Nous allons faire cette route avec autant de
« joie que si nous allions à un splendide festin. »

Mais avant de partir, il leur restait un dernier
devoir à remplir. MM. Chastan et Maubant laissaient en France des parents et des amis, impa-
tients de recevoir de leurs nouvelles. Les deux
confrères écrivirent en cette circonstance plusieurs lettres, précieux documents qui témoignent
de leur ardente charité pour Jésus-Christ. Je dois
à mes lecteurs d'en transcrire les principaux passages.

« Mes bien chers parents, écrivait M. Chastan,

« le 1ᵉʳ septembre 1839, cette année le démon a
« redoublé de rage; la persécution, beaucoup plus
« cruelle, en est devenue plus glorieuse par la
« constance des martyrs de tout âge, de tout sexe
« et de toute condition. Dans l'espace de deux
« mois, vingt-cinq personnes ont eu la tête
« tranchée, après de longs et affreux tourments.
« Plus de cent cinquante sont maintenant dans
« les prisons et attendent le même sort. Le dé-
« mon, non content de disperser le troupeau et
« de le faire conduire à la boucherie, veut encore
« faire mourir le pasteur. Le 11 août, Monsei-
« gneur a été conduit à la capitale et il juge,
« dans sa sagesse, que dans les circonstances où
« nous sommes, il est du devoir du bon pasteur
« de donner sa vie pour ses brebis. Il nous a
« donné l'exemple, en se présentant lui-même...
« Une victime ne suffit pas à la rage des persé-
« cuteurs, ils en auront trois. L'ordre de nous
« cacher nous avait retenus dans le secret, l'ordre
« de nous livrer nous est aussi agréable que le
« premier. En tout la volonté de Dieu et l'accom-
« plissement de son bon plaisir.

« Mon âme est consacrée au Seigneur; si,
« dans cette belle circonstance, je puis entrer
« en possession de mon Bien-aimé, ne vous af-
« fligez pas de mon bonheur ; rendez-lui-en plu-
« tôt mille actions de grâces. Je vous ai toujours

« aimés... Soyez certains que je ne vous oublie-
« rai point, si Dieu me fait la grâce d'aller à lui
« par la porte du martyre.

« Mes très-chers père, mère, frères, sœurs,
« parents et amis, comme c'est probablement la
« dernière lettre que je vous écris, recevez mes
« derniers adieux. Par la grâce de Dieu, ne pos-
« sédant ni or, ni argent, mais seulement quel-
« ques habits nécessaires que m'a procurés la
« charité des fidèles, mes dispositions testamen-
« taires sont bientôt faites.

« Mille actions de grâces à la divine Providence
« qui m'a appelé à cette bénite mission, pauvre
« en biens de ce monde, mais fertile en croix !

« J'ai l'honneur d'être, avec le plus sincère at-
« tachement et dans les sentiments de la charité
« la plus affectueuse que puisse avoir un fils
« pour ses père, mère, frères et sœurs, dans les
« saints cœurs de Jésus et de Marie, votre très-
« humble et tout dévoué fils,

« Jacques-Honoré CHASTAN, *missionnaire apos-
« tolique.* »

Les deux missionnaires écrivirent ensuite à leurs
confrères de Paris une lettre admirable dont
voici un extrait :

« Aujourd'hui, 6 septembre, est arrivée une
« invitation de Mgr Imbert de nous présenter au
« martyre. Nous avons le doux plaisir de partir

« après avoir célébré le dernier sacrifice. Qu'il est
« consolant de pouvoir dire avec saint Grégoire :
« *Unum ad palmam iter pro Christo mortem oppetere !*
« Si nous avons le bonheur de remporter cette
« palme « *quæ dicitur suavis ad gustum, umbrosa*
« *ad requiem, honorabilis ad triumphum*, rendez
« pour nous mille actions de grâces à la divine
« bonté et ne manquez pas d'envoyer au secours
« de nos pauvres néophytes qui vont de nouveau
« se trouver orphelins. Pour encourager nos
« chers confrères qui seront destinés à nous
« remplacer, nous leur annonçons que le minis-
« tre Y a fait faire trois grands sabres, pour cou-
« per les têtes.

« Si quelque chose pouvait diminuer la joie
« que nous avons en ce moment de départ, ce se-
« rait de quitter ces fervents néophytes que nous
« avons eu le bonheur d'administrer trois ans,
« et qui nous aiment, comme les Galates ai-
« maient saint Paul ; mais nous allons à une trop
« grande fête pour laisser entrer dans nos cœurs
« des sentiments de tristesse. »

Ainsi finit cette lettre qui nous fait assez connaître les sentiments qui animaient l'âme de ces
généreux missionnaires. Ils en écrivirent en outre une troisième dans laquelle ils faisaient leurs
adieux et donnaient leurs dernières instructions
aux fidèles qu'ils allaient quitter. Lorsqu'ils

eurent rempli ce devoir, ils se remirent entre les
mains des satellites. Alors eut lieu une scène attendrissante et digne des premiers siècles de l'É-
glise. Les chrétiens, voyant partir leurs pères,
fondirent en larmes et les supplièrent avec gémis-
sement de leur permettre de les suivre. Cette permission leur fut impitoyablement refusée. Au
moment de partir, ce ne fut que soupirs et sanglots de toutes parts, et les néophytes, retenus de
corps, suivirent longtemps des yeux et de cœur
les missionnaires, qui prirent le chemin de la capitale.

Il est impossible de dire tout ce que nos confesseurs eurent à souffrir, pendant le long trajet
qu'ils eurent à parcourir, pour se rendre à la capitale. La privation de nourriture, jointe aux fatigues de la marche, auraient dû gravement compromettre leur vie, si une longue habitude de
souffrir et un courage extraordinaire ne les
eussent mis au-dessus de toutes les épreuves.

IX

> « Ossa eorum pullulent de loco suo...
> Sanctorum virorum gloria. »
> Leurs ossement refleuriront dans le
> sépulcre... C'est la gloire réservée aux
> saints.
>
> (Ecclésiastique, XLVI, 14 et 15.)

La ville de Séoul, capitale de la Corée, est située au milieu des montagnes. Des rues tortueuses et étroites où l'air ne circule pas, un immense assemblage de maisons basses et groupées sans ordre, tel est le spectacle qu'offre cette cité qu'enferment de hautes et épaisses murailles. On dirait une vaste prison. Le 6 septembre 1839, deux criminels entraient dans cette capitale, accompagnés d'une nombreuse troupe de satellites et de curieux qui les accablaient d'injures et de coups. Une lourde cangue pesait sur leurs épaules meurtries, leurs mains étaient chargées de chaînes et un long voile couvrait leurs visages. Le cortége s'achemina lentement vers les prisons publiques où étaient entassés pêle-mêle des centaines de chrétiens. Les deux nouveaux malfaiteurs grossirent le nombre de ces infortunés qui demandaient la mort à grands cris, pour abréger le temps d'une captivité cent fois plus cruelle que le dernier supplice.

Quelle ne dut pas être la joie de MM. Maubant et Chastan, en se trouvant réunis pour toujours à leur évêque ! Ils ne devaient plus se quitter, pas même à la mort. Quelques jours après, le juge fit comparaître les trois missionnaires à son tribunal, et après avoir déployé sous leurs yeux les appareils de la torture, il leur dit :

— Quel est le chef de famille qui vous a donné l'hospitalité ?

— Paul Ting est son nom, répondit l'évêque ; vous l'avez entre les mains.

— Où prenez-vous l'argent qui vous est nécessaire pour vivre ?

— Nous l'avons apporté de notre patrie.

— Vous n'avez pas de quoi vivre dans votre pays et vous êtes venus ici pour chercher votre nourriture ?

— Si vous connaissiez la France, vous ne parleriez pas ainsi.

— Qui vous a envoyés dans ce royaume ?

— Le Pape, chef de notre religion.

— Qui vous y a appelés ?

— Les chrétiens.

Alors, le juge leur dit d'un ton ironique :

— Retournez dans votre pays.

— « En abandonnant notre patrie, répondirent
« les confesseurs, nous avons fait le sacrifice de
« notre vie; avant de partir, nous savions à quels
« dangers nous nous exposions; mais le salut des
« âmes nous est cher avant tout. Nous mourrons
« ici. »

— Indiquez les lieux où vivent les gens de
votre secte ?

— Non ; nous ne voulons pas les exposer à la
mort.

— Qu'on les torture! s'écria le juge avec rage.

Quatre bourreaux s'emparèrent aussitôt des
prisonniers, les étendirent à terre, ensanglan-
tèrent leurs corps par de nombreux coups du supplice *de la table*, et les rejetèrent ensuite presque
sans vie dans leur obscur cachot.

Au bout de quelque temps, on les conduisit à
Kempou, prison destinée aux grands du royaume,
où ils eurent à souffrir de nouveaux tourments.
Ils comparurent devant le tribunal suprême. Les
grands mandarins de la cour, réunis dans cette
grave circonstance, firent subir aux prévenus un
long et minutieux interrogatoire qui, comme le
premier, [se termina par la torture. Ils reçurent chacun soixante-dix coups *de la règle*, et
Mgr Imbert paya sa dignité par la cruelle épreuve
de la *flexion des jambes*. On dit que la violence
de la douleur arracha un cri au prélat.

Bientôt après, les saints prêtres apprirent qu'ils étaient condamnés à mort, et qu'en qualité d'étrangers on les exécuterait avec des formes nouvelles et des tourments inusités.

Le 21 septembre, fête de l'apôtre saint Matthieu, le quatorzième jour de la huitième lune de l'année *Ki-haï*, un grand madarin militaire se rendit à la prison, suivi de cent vingt-huit soldats, la pique au point. Trois chaises à porteurs avaient été préparées ; elles consistaient en deux bâtons surmontés d'un siége de paille. On y fit asseoir les condamnés, les mains liées derrière le dos. On les avait dépouillés de leurs vêtements et on ne leur avait laissé que le pantalon et la chemise. Sur un signal du mandarin, le cortége se dirigea vers le fleuve qui coule à quelque distance de la ville.

Lorsqu'on fut arrivé sur le rivage, après une heure de marche, les prêtres descendirent de leur siége. Aussitôt les satellites les entourèrent, Sur le sable était planté un pieux qui portait la sentence de mort. Les bourreaux dépouillèrent les trois Européens de leur chemise, et couvrirent leurs visages d'une poignée de chaux liquide. On les fit ensuite monter à cheval sur un long bâton, et on leur fit faire trois fois le tour de l'enceinte, au milieu des rires et des huées de la foule. Après ce grotesque exercice, on les fit mettre à genoux, on leur passa deux flèches à travers les oreilles et on les souleva en l'air, au moyen d'une corde attachée à la chevelure. Alors une dizaine de soldats sortant des rangs, le sabre nu, se mirent à voltiger autour des victimes, déchargeant, en passant, un coup sur leurs têtes. Le premier coup que reçut M. Chastan ne fit qu'effleurer l'épaule, il se leva instinctivement et retomba aussitôt à genoux. On ne sait pas au juste combien de temps dura ce jeu cruel. Les têtes, une fois abattues, un soldat les posa sur une table et les présenta au mandarin, qui alla immédiatement donner à la cour avis de l'exécution.

Tel fut le martyre de ces nobles et vaillants apôtres. En un seul jour, ils reçurent une triple couronne, pour leur foi, leur charité et leur obéissance, laissant au monde entier un exemple admirable de dévouement, qui passera de générations en générations, comme une preuve de l'éternelle vérité de notre sainte religion.

Au bout de trois jours, malgré la vigilance des satellites, les chrétiens vinrent secrètement enlever les corps des martyrs et les transportèrent sur une haute montagne, après leur avoir rendu tous les honneurs de la sépulture.

La mort des trois missionnaires ralentit un peu l'ardeur des persécuteurs. Leur soif de sang ne fut pourtant pas encore assouvie, car plusieurs autres victimes tombèrent sous le glaive et remportèrent la palme du martyre dans le courant de cette même année. Parmi ces heureux confesseurs se distinguent *Paul Ting et Augustin Lieou*, qui avaient introduit les missionnaires dans la Corée.

Lorsque le sang eut cessé de couler, la frayeur s'empara des grands de la cour. Ils craignirent que les Français ne vinssent avec de fortes armées pour venger la mort de leurs compatriotes. Le royaume entier était dans la stupeur, car l'exemple de la Chine était pour la Corée le présage de grands malheurs.

En ce temps-là, en effet, une barque se dirigeait vers les côtes de cette contrée inhospitalière. Des Français la montaient; ils venaient joindre leurs sueurs aux sueurs de leurs confrères et rendre leur sang fécond, prêts à y mêler le leur. Et toujours, tant que la Corée existera, malgré ses prisons, ses tortures et ses glaives, les vivants succéderont aux morts, et ceux qui ne seront pas martyrs par l'effusion de leur sang, le seront également par le dévouement et le sacrifice.

FIN

TABLE DES MATIÈRES

IMPRIMERIE D. BARDIN, A SAINT-GERMAIN.